历史·山水·渔樵

赵汀阳 著

生活·讀書·新知 三联书店

Copyright © 2019 by SDX Joint Publishing Company.
All Rights Reserved.
本作品版权由生活·读书·新知三联书店所有。
未经许可,不得翻印。

图书在版编目(CIP)数据

历史·山水·渔樵/赵汀阳著.—北京:生活·读书·新知三联书店,2019.10(2023.10重印)
ISBN 978-7-108-06665-7

Ⅰ.①历… Ⅱ.①赵… Ⅲ.①文化史-中国-古代 Ⅳ.①K203

中国版本图书馆 CIP 数据核字(2019)第 167927 号

责任编辑	冯金红
装帧设计	蔡立国
责任校对	张 睿
责任印制	董 欢
出版发行	生活·讀書·新知 三联书店
	(北京市东城区美术馆东街 22 号 100010)
网 址	www.sdxjpc.com
经 销	新华书店
印 刷	三河市天润建兴印务有限公司
版 次	2019 年 10 月北京第 1 版
	2023 年 10 月北京第 3 次印刷
开 本	880 毫米×1092 毫米 1/32 印张 5.5
字 数	100 千字 图 17 幅
印 数	13,001-16,000 册
定 价	52.00 元

(印装查询:01064002715;邮购查询:01084010542)

目 录

前言 一个实验性的文本 *1*

历史为本的精神世界 *1*
历史何以为本？ *1*
意义链和问题链 *30*

山水是大地中的超越之地 *61*
可经验的超越性 *61*
山水与邻近意象的相关性 *70*
山水与社会的距离 *87*

渔樵为何论古话不休？ *101*
渔樵何人？ *101*
渔樵的话题 *133*
永无定论的历史哲学 *154*

前言　一个实验性的文本

一个文明的关键词库意味着理解这种文明的线索，类似于开门的密码，关于关键词的哲学-语言学-人类学研究就相当于文明的密码学。其中，有的关键词是关键概念，有的是关键意象，有的身兼两者。概念要求定义，如果能够有效地定义一个概念，就几乎澄清了一个思想疑问，因此可以说，一个清晰界定的概念意味着一个思想问题的终点站，除非它重新被问题化。意象却很难清晰定义，甚至不可能定义，只能解释和说明，但不足以将其含义收敛在封闭边界里，总是有着许多出口或通向别处的道路，因此，一个意象就是思想的一个中转站。

澄清概念通常被认为是属于哲学的工作，甚至，哲学研究被认为等于"概念研究"，这是维特根斯坦的看法。[1]

---

[1] 维特根斯坦：《纸条集》458。见《维特根斯坦全集》第11卷，涂纪亮、吴晓红、李洁译，河北教育出版社，2003年版，第225页。

概念研究已经有了成熟的方法，尤其是来自分析哲学的贡献。那么意象呢？如果意象对于思想的构成同样重要，就似乎应该有一种哲学的"意象研究"，但是意象研究却还没有成熟的方法，虽有一些当代哲学、语言学和人类学的研究可以借鉴，但似乎还没有达到在哲学上分析意象的成熟方法。在这本小书中，我尝试进行一项关于"渔樵"和"山水"的意象研究，不能说有了方法，只是一个实验性的文本。既然意象的含义无边界，有着散开的链接，却又在错综的链接中隐约有着共聚点，因此与概念分析颇为不同，很难建立一种逻辑化或模型化的分析方法。基于意象的非封闭而有"弹性"的意义域，我希望能够以"意义链"和"问题链"的概念来显示意象的内部含义和外接意义，或者说，试图为意象建立起"意义链"和"问题链"而显示意象含义的链接方式。

许多意象有着为人熟知的符号化含义，比如说基督教的十字架和共产主义的镰刀、锤子。另有一些意象并非能够被清楚界定的符号，隐含着无法归化或转译为明确符号或概念的一簇有着延伸性的多层多向含义，比如"百科全书"和"城堡"，还有欧洲哲学喜欢使用的"星丛"。在中国传统中，最著名的意象应该是《周易》八卦之象，这个系列意象隐含着关于万物之理和天地之道的无限性和具体性，因此《周易》意味着一种以意象为本而不是以概念为本的形而上学。对《周易》的解读可谓百家争鸣，可见其中的意象有着深远而不可封闭的含义空间。

"渔樵耕读"也属于构成中国古代文明根基的基本意象,象征着这个文明的最小存在模型,隐含着一个文明社会不可再加化简的生存问题。如果失去"渔樵耕读",这个文明就缺乏存在或继续存在的基本条件,应该说,就恐怕不复存在了。其中"渔樵"的意象最具神秘感,其含义既远又近,暗含着丰富的可能性。渔樵意象的深广意义空间对于思想是一种难忘的诱惑,时而浮于眼前飘过心头。前几年读到张文江意味悠长的《渔樵象释》一文[1],大有知音感,于是以《历史,山水与渔樵》一文与他唱和。[2]我也曾经给法国历史学家弗朗索瓦·阿赫托(Francois Hartog)解释过"渔樵历史观",给他看过《历史,山水与渔樵》一文的法文翻译版。阿赫托先生明察渔樵的历史观的某些特征,但他不理解历史为什么要由非专业历史学家的渔樵来言说,也很难理解"青史"凭什么要对照"青山"。这些意象显然是欧洲历史意识中之所无,所以他才这样提问。话说历史言不休的渔樵可能是中国的特有形象,但如果以广义的渔樵精神性去理解渔樵形象,而不限于讨论历史的话,西方可能就不乏其人了,我愿意举出斯宾诺莎和维特根斯坦,他们是西式

---

[1] 张文江《渔樵象释》一文载于张文江:《古典学术讲要》,上海古籍出版社,2010年版。
[2] 赵汀阳:《历史,山水与渔樵》,《哲学研究》2018年第一期。

的渔樵，只是西式渔樵通常思考哲学或神学，却不是历史。据说斯宾诺莎以磨镜片为生而一生研究哲学，维特根斯坦更为典型，据说打过多种短工，还曾经牧羊。毛姆在以维特根斯坦为主角的小说《刀锋》中让四处游荡的维特根斯坦最后当了出租车司机，这个形象就颇具渔樵风格。

对于渔樵意象及其问题的深度，一篇文章之论难免过于简略，显然需要更多的分析和解释，所以写成这本小书，希望能够或多或少地深入"渔樵"意象的核心意义及其相关问题，特别是，渔樵如何言说历史，渔樵有着什么样的"渔樵史观"，渔樵有什么独特理由来言说历史。

中国传统的历史观以儒家为主流。渔樵历史观虽与儒家历史观没有理论上的矛盾，却有意识上的距离，似乎与《周易》的世界观和时间观有着更密切的关系。当然，《周易》为群经之首，是百家思想的共同资源。从渔樵的"山水时间尺度"去看历史，纷纷之人事沉浮于滔滔之时间中，更具一种沧桑感。渔樵没有写作历史，但渔樵的论古方式提示了一种历史哲学。在本书中，我试图论证，渔樵史学虽然在学术性、丰富性和可信性上远远不及以司马迁为代表的太史公传统，但渔樵的论古方式提示了一种不可替代的、有着形而上深度的历史方法论，尤其与一种文明的生死问题密切相关。

本书由三个论题组成：历史、山水和渔樵。三者之间有着内在关联：青山是观察青史的时间尺度，山水是历史与渔樵的联系方式，渔樵通过谈论历史之事而反思历史之道——历史问题是三者之轴心。在一个以历史为本的精神世界中，我希望能从渔樵的思考角度发现理解历史观的一个线索。按照理论线索，第一章是历史哲学，讨论历史观的形而上根据。第二章关于山水，山水是观察历史的形而上尺度。第三章关于渔樵，他们是凭借青山观青史的言说者。

写作这本小书得助于许多朋友。王音和郝量都是很有成就的艺术家，王音对山水和渔樵相关问题的追问和见识都促进了我的反思，郝量对中国古典山水画的精熟知识对我多有帮助，他们还提供了古人涉及渔樵的国画图像。我的学生王惠民和孙飞帮助我查对了许多涉及渔樵的诗词戏曲。另外，吴学军先生组织了关于渔樵的颐和园讨论会，众多学者就渔樵问题提出了很有价值的意见，在此感谢吴学军先生，吴飞、刘成纪、王铭铭、许宏、程广云、李溪、陈壁生、关凯、王青诸位教授。

在此，我以友谊之名，对朋友们表达诚挚的谢意。

赵汀阳
2018年11月18日

历史为本的精神世界

生生之谓易。(《周易·系辞上》)

历史何以为本？

一个可持续的精神世界有能力解释生活所有事情的意义，而一个精神世界以何种意识为本，决定着一切意义如何被解释。

一个精神世界或以哲学为本，例如古希腊；或以宗教为本，例如犹太、中古欧洲、伊斯兰地区和印度；或以神话为本，各地的古老文明似乎都是如此；或以巫术为本，更为古老的所有文明都有过这个阶段或一直如此；或以政治-法律为本，比如古罗马以及现代西方国家。中国有个以历史为本的精神世界，或者说，历史乃中国精神世界之根基。这一点应为众多学人之默认共识（不排除有不同看法）。如果说，除了中国，还有特别强调历史的文明，似乎可以举出犹太文明。严格地说，犹太文明以宗教为本，但《圣经》又是关于犹太人的历史，因此，犹太教与历史有着互为解释的关系，或有几分接近中国历史的"经史一体"。根据沃格林的说法，《圣经》"把以色列的历史变成了律法"。[1]不过，正是因为以色列历史化身为以不断重复的方式而存在的固定律法，因而就转化为宗教了，所以犹太文明终究是以宗教为本。中国文明之所以始终以历史为本，在于把历史变成了方法。方法不是教义，而是不断生长的开放经验。在方法中存在，就是不断化历史为方法，这是一种在"日新"中持续变在的方法论，正应《周易》的变易即生生之义。

以历史为本的精神世界意味着经史一体，所谓六经皆史。经为史提供了精神依据，史让经的精神获得生命，于是，对万事的理解尽在历史维度之中。"六经皆史"来自章学诚《文史通义》的开篇名言："六经皆史也。古人不著书，古人未尝离事而言理，六经皆先王之政典也。"[2]章学诚之论又似乎源于王阳明。阳明在回答徐爱问及史与经之异同时说："以事言谓之史，以道言谓之经。事即道，道即事。《春秋》亦经，五经亦史。《易》是包牺氏之史，《书》是尧、舜以下史，《礼》《乐》是三代史。其事同，其道同。安有所谓异？"[3]这种经史一体的意识应该奠基于汉代学术制度。汉代学术以经学为本，而诸经所记正是普遍承认的模范古事，以古为则决定了经史一体的取向。

---

[1] 沃格林：《以色列与启示》，霍伟岸、叶颖译，译林出版社，2010年版，第502页。
[2] 章学诚：《文史通义》卷一《内篇一·易教上》。
[3] 王阳明：《传习录·徐爱录》。

在这个意义上说,经史一体的意识是学术制度的产物。汉代以学术制度确认经的至高地位早有事实依据,并非主观选择,六经在春秋战国时期就已成为权威文献,为百家共所引用,如《庄子·天下篇》所综述:"旧法世传之史,尚多有之,其在于《诗》《书》《礼》《乐》者,邹鲁之士、缙绅先生多能明之。《诗》以道志,《书》以道事,《礼》以道行,《乐》以道和,《易》以道阴阳,《春秋》以道名分。其数散于天下而设于中国者,百家之学时或称而道之。"庄子之言或为经史一体的最早说法,不过庄子之学更用心于形而上学,不似儒家那样以史为至尊。如果根据孔子作《春秋》以及整理六经的传说,则经史一体的意识甚至可以追溯到孔子。或者,就六经的文献事实而言,则应该说,经史一体的思想就始于六经本身。

虽言经史一体,但六经蕴含的历史概念与现代的史学概念大不相同(实存五经,《乐经》早已失踪[1]),五经

---

[1] 在汉代时就只剩下五经了,而战国文献里仍然时常提起六经,因此通常认为,《乐经》有可能毁于秦始皇焚书。但此说实有不少疑点:作为法家的秦始皇只能更不喜欢直接表达儒家政治制度的五经,而五经尚存。当然也有可能《乐经》碰巧尽毁于焚书,可是,汉代"民间所献"未经焚书之灾的秘藏古文经居然也只有五经,就很奇怪了。古文经有可能经过古文经一派学者增删改写,但其内容多有真实来源(编造凭空之作是可能的,但伪造有历史背景的文献就很难了),可是为什么古文经里也没有《乐经》呢?另外,出土的先秦文物中也一直没有《乐经》,这当然也可能是偶然。先秦与秦汉之际,传承的五经有许多依靠代代背诵,可是为什么没有人背诵《乐经》呢?虽然我们已经无法猜测《乐经》是什么样,但参考《诗经》,估计《乐经》应该比《尚书》或《周礼》之类容易背诵。无论如何,《乐经》的失传是一个神秘事件,其原因不得而知。

以史言道，其用意所在更接近历史哲学。其中除了《春秋》有明确的时序，其他诸经所记在时间和空间上都比较含糊，只是大概记述了先王故事、言论以及制度，属于划时代大事的纪要。即使是编年史的《春秋》，其言也简，几乎只相当于事件的标题，尚未构成叙事。如以现代史学标准度之，五经只是史料，是成熟史学的前史。如果以此去理解，五经就好像只是尚未成熟的历史写作。然而，将现代史学标准用于五经恐怕不当。

就五经之本意而言，原不在叙事，只是记述具有创制立法意义的要紧之事，即载道之事。古人的思想方式直达生活要义，无心于细节，为什么古人有此"要义写作"风格？应有许多原因，其中有个原因很值得一提：在文明初期，文字具有神圣性，不可落于亵渎和谎言，文字是最严肃的承诺，立字为据，所以文字是为精神立法，写出文字就是承诺了一个世界，落于文字的事情就几乎是道理的化身。经验细节的描述是在后世发展出来的文字延伸功能。与此相关，古人的历史概念在于"历史性"而不在于"故事性"，就是说，五经的意义在于以事载道，用功不在叙事释因。因此不难理解为什么五经的史料如此简约，除了具有立法意义的大事，其他事情几乎无所着墨。当然，古人如此惜墨如金，就无法留下历史的整体画面了。这种有限性或部分地归因于上古的有限记述能力，更重要的可能原因是，正如我们所分析的，五经的意图本来就不在于故事性，其问题意识并非聚焦于史实细节，而是蕴含着历史之道的"历史性"，即一种历史所以成为这种历史的生长和运行方式，更准确地说，历史性就是文明对时间的组织方式，而对时间的组织方式为一种文明的经验和思想赋予了可持续的意义。所以说，五经的意图不在描述历史之事，而在寻求历史之道，但历史之道必寓于历史之事，道于事中才得以成形，正所谓道不离事，所以五经选择记述了能够藏道之事。五经所设置的时间和空间是以道为准的大尺度，于是所记之事皆为立法性的大事，至少是重大转折的大事。按照当代的概念，五经所表达的历史意识实为历史哲学。在此可以说，中国先有历史哲学，而后才有史学。

如古人所见，六经皆史，要义在于事与道（或曰理）两者为一体，道理为体，事情为用，两者有着互相构成的关系，而且其互相构成关系是动态性的，道在动态中成就事，事在动态中实行道，或者说，道在事中运作才得以展开为道，事的运作也因为得道才能成其功。道与事的动态互相构成意味着一种存在的不断生长，如果动态无穷，其存在也无穷。正是道与事的"互构性"造成了两者的一体性，所以说，道即事而事即道。《诗经·伐柯》云："伐柯伐柯，其则不远"，或为事不离道之最早隐喻。道与事的一体性也提示了解释生活世界和历史时间的一种方法论：既然在事的范围内足以理解道，便不需要多余假设某种在别处的超越理念（柏拉图式）或者非人间的绝对存在（神学式）。这意味着，如果以历史为本，我们就只需要承认一种以人事为界限的存在论或形而上学。在此，道事一体所定义的世界并非物理世界，而是一个历史时空，一个历史性的世界，一个与生活同尺度的世界，即一个化时间为历史、化空间为人文关系的人事世界，在其中，人的故事定义和解释了一切事物的意义。这意味着：（1）既然人的故事定义了一切事物的意义，那么，形而上学和历史哲学便无分别；（2）人的故事在意义上是自足的，便不再需要宗教或超越的世界之额外解释。反过来，人的故事可以包含神的故事，神的故事没有独立意义，只是人的故事的附属情节，甚至只是其中的隐喻或修辞手法；（3）既然道的意义不出事外而落在事中，那么，天道与人道就是一致的。

通常，由于缺乏充分的经验实证，一种形而上学的证明必求助于逻辑论证，这种证明并无外在标准，只是思想对其内在一致性的自我求证，即定义若干互相支持的概念和假设，进而构成由语句组成的循环解释和循环论证。这种形而上学论证的有效性只限于一个自我封闭的语言游戏中，只要越出特定的语言游戏，就不再必然有效，因此无法排除与之不同甚至矛盾却同样有效的其他形而上学，就是说，基于概念组合的形而上学只有属于特定语言游戏的内部话语有效性，却缺乏外部的广谱有效性，即缺乏经验层面的普遍有效性，同时也远远达不到数学系统的一致性。[1]一般形而上学的疑点正在于此。

天道与人道的一致性却意味着一个与此有所不同的形而上假设，它设定了形而上学与历史哲学的合体，于是，这种形而上化的历史哲学或者说历史化的形而上学摆脱了封闭的语言游戏，转而向外寻求经验证据，却又不是寻求科学的模型化经验证据（那种具有可重复性的经验证据），而是寻求历史性的证据，即"万变"的特殊经验证据，于是，就必须在事的领域即经验领域之中去建构一种能够在"万变"中免于流失的常在意义。可见，历史形而上学之所求不止于"词"的意义，更在于"事"的意义，在"言"的有效性之外，更重视"行"的有效性。在此就定义了一种以经验为有效范围的形而上学，或者说，一种无须先验原理的形而上学，其形而上问题不在于解释万物的本源，而在于解释万事的意义，进一步说，万物之所以有意义，也是因为万事有意义而有意义，存在本无意义，只是因为历史而具有意义，于是，历史成为形而上学的问题田野，而存在退居无可提问的暗处。尽管历史的问题在规模上明显小于存在的问题，但历史却是存在的意义根据，因此只有历史才是能够显示意义的问题。尽管古人并未如此明言，或许未有如此自觉意识，但古人以事明道的直观已经暗示了历史形而

---

[1] 并非所有数学系统的内部一致性都能够被证明，那些内含无穷性的数学系统就可能存在不完备的漏洞，参见哥德尔定理。

上学的理由。

可是，天道与人道的一致性（简称天人合一）的经验证据在哪里？传统的解释路径已经展开了令人敬佩的想象力：（1）天命下达为民心，民心所向就是天命的证据（以西周思想为代表）。这个解释最有现实感，民心作为证据也最具可见性，但有两个弱点：其一，民心虽然是一个可识别的证据，但天命下达为民心仍然是一个未经证明的假设；其二，民心有可能做出集体性的错误选择，可是天命却没有理由出错。假如以民心为准，就意味着天命时而正确时而出错，没有确定性，那么天命假设就是多余的。（2）人顺从天的变化而变化的实践就是证据（以老子为代表）。被动顺天方式也称"无为"，即不刻意不主动，天变人变，不以积极有为的方式去强求变化。相对而言，这是天人合一关系的一个比较稳妥的证据，但也有局限性：无为方式适合于解释保全生命的方式，却难以解释政治和历史问题。事实上，政治和历史变迁常因有为而成功，很少无为而成，例如黄帝征服蚩尤、大禹治水、汤武革命、周公封建诸侯创制礼乐、秦汉建立大一统，都是积极有为的，都被认为是"顺天应人"。可见顺天也存在不确定的解释。（3）天人类比（以汉儒为代表）。如同一切事物的两面性都能够与阴阳概念形成类比，天象也很容易与人事形成类比，只要愿意类比，不同事物总能以诗化的方式显示出相似性或对应性，因此类比不是证据，也不是论证，而是诗。（4）

将天人定义为同性质的存在，只是存在形态不同（以宋明儒家为代表），就是说，天人被定义为具有本根的同一性，于是，理与气，理与性，理与心，都被定义为在根本上相通一致。这样虽然消除了天人隔阂，可问题是，这不是经验证据，而是把所有事情都定义为证据，也就无所谓证据了，因而是无效论证。总体来看，（1）（2）在想象力和合理性上都胜过（3）和（4），但都不是无懈可击的解释。

天人合一的假设至今尚无完美证据。不过每一种哲学的形而上假设从来都无从证明。对于这个究根问底的问题，恐怕只能给出一个维特根斯坦式的回答：思想的根基就是思想的界限，那里已经是思想不可超越的极限，再也无从反思了。于是，作为思想界限的形而上假设需要的并不是证据，而是解释的效力：只要一个形而上假设的解释力胜过与之相反的假设，那么这个形而上假设就足以成为一种精神根基。在这个意义上，天道与人道的一致性假设就有明显的优势，特别在于，它有着免于引入多余假设的理论优势，因而能够最大限度地减少互相冲突的解释。当排除了世外本体的假定，也就等于排除了可能出现的关于世外本体的种种互相矛盾而无法协调的解释，于是，所有需要反思的问题都被约束在"有证据"的生活世界内部。关于世外本体的假设，即假设生活的意义、道理和价值都有待于一个外在于生活世界的绝对本体来做出解释，其实是一个理论的自设陷阱。

表面上看，假设一种能够解释一切的世外本体，无论是神、第一因、绝对理念或者绝对精神，似乎可以一揽子消除所有百思不得其解的困惑，但这只是增加了不可解释的问题，却没有解决任何问题，相当于说，X难以解释，于是增加一个与之相应的假设X′。但这不是对X的有效解释，而是把难以解释的一个问题变成了两个同构的难题（奥卡姆剃刀就是要切掉此类冗余假设）。

只有能够完成自我解释的存在才构成有意义的存在。因此，生活的意义必须内在于作为"给定事实"的生活形式之中（如维特根斯坦所言）才是可以理解的意义，就是说，生活必须解释自身。假如引入更高的外在本体，无论是上帝还是绝对理念，生活本身反而失去了自我解释的能力，然而人又没有能力认识高于人的绝对本体，于是只能产生关于绝对本体的不同解释，可是人却无法判断哪一种解释是正确的——马克思就嘲笑过哲学家只不过"不同地解释了世界"。既然没有标准，人人就自以为自己的解释才是正确答案，这种思想乱局是自身无解的，除非改变思想的格局（此种乱局在中国早期历史上也发生过，即在"绝地天通"之前"人人成巫"的乱局）。以无法理解的外在本体去解释生活必定导致解释的失控，反而在生活中凭空制造了许多冲突，例如各种不共戴天的一神教之间的冲突两千年来始终无解。

与此不同，天道与人道的一致性假设承认生活的意义就在于生活本身，即生活能够解释自身。这就要求生活必须生成具有内在循环的解释能力。在理论上说,循环解释是冒险的,或等价于同义反复,或导致悖论,因此被认为是一种坏的解释方式。理论之所以害怕循环解释,是因为理论是静态无时间的,在无时间的逻辑关系中去理解循环解释,必定发现悖论或同义反复。但是,发生于动态条件下的循环却会出现超越逻辑困境的奇迹,即动态循环能够超越同义反复和悖论。动态循环虽然不能解决悖论,但能够避免陷入悖论,或者能够使悖论不要出现。《易经》最早发现了动态循环的基本型,即相辅相成双因素(阴阳)的最小循环模型。另有一种源于文本解释的动态循环解释被定义为"解释学的循环",来自施莱尔马赫、海德格尔、伽达默尔等,通常用于描述文本解读中的意义循环生成方式,后来被推广为文化的循环解释,也有异曲同工之妙。

这里要讨论的是基于《易经》形而上学的一般动态循环解释,即生活以其内在能力所形成的动态循环解释,其关键在于时间的多向连续展开,博尔赫斯将其称为"时间的分叉"。[1] 当人类进入文明状态,超越了重复性的自然生存方式,一贯的生活就变成了拥有分叉时间的历史,即由人为创制的变化去重新定义存在。"变化"意味着无穷多的可能性,在时间上标示了人的刻度。作为

---

[1] 博尔赫斯:《博尔赫斯文集·小说卷》,王永年、陈众议等译,海南国际新闻出版中心,1996年版,第128—140页。

自然时间的一维绵延本身无所谓过去、现在和未来（这里的"自然"只是作为人类经验的自然，不是指宇宙本身），自然时间本身是始终同一的，不可能切分为过去、现在和未来。按照理论物理学，宇宙可能存在着多维时间，但不属于人类经验的自然，也是人类无法经验的时间。过去、现在和未来其实是意识的感觉方式，康德就认为时间是人的先天感性形式。生活的创制，即古人所称的"作"，为时间建立了可识别而值得铭记的标识。"作"直接创造的是未来，有了未来的概念，也就有了过去。就创作的可能性而言，未来呈现为平行的复数可能性，这意味着，时间的未来性基于时间具有可以展开的空间性，当时间具有空间性，就有了未来。

一旦时间以空间的方式撑开了自身，展开为无数可能世界，存在就不再只是无穷复制的现时，而在现时的前后方向都以空间性展开为多样分叉的历史和未来。在历史化的时间里，一个事件的意义不再被封闭在现时里，而隐含着有待演化的分叉路径，任何一个事件的意义永远有待未来对过去的解释，就是说，生活的每一步具有什么样的意义永远取决于下一步的状态，下一步构成了对上一步的解释，同时，上一步是下一步的来由，也是对下一步演化线索的注解。以此，生活在其内部为自身建立了内在的动态循环解释，其中的关键在于，这种循环解释意味着永无定论——正是因为永无定论而得以避免同义反复和悖论。生活对自身的解释就展开在历史性之中，生活以历史演化不断解释自身的意义，于是，历史就是对存在的全部解释。在此，生活将自身设置为活的本体，历史之道就成为形而上之道的显现，正所谓"道不远人"。[1]

显然，以自身动态循环方式建构起来的精神世界必以历史为本，而这个精神世界也在历史维度中去理解形而上问题。可是，历史的尺度却不足以衡量一切事物的存在，在理论上说，没有比"存在"更大的问题了，确实如此，但追问存在实为僭越之问，人类没有思想能力也没有资格获得这个问题的答案。除了一切存在的创造者（不知是宇宙原点还是神），没有谁能够知道存在本身的答案。万物之道贯穿一切可能的时间和空间，具有无限性，而人的有限性决定了人不可能把握一切存在的无限性。显然，只有创造者才拥有能够解释存在的"创世学"（creationology），而只有创世学才能够阐明与之相配的存在论（ontology）[2]，否则，所提出的只是无从理解也无以反思的问题。这里的关键是，只有当"思想"（cogito）和"作为"（facio）两者为一体，所思之事即所为之事，思想的对象与行为的对象达到完全重叠，思想才能够"亲身地"理解存在（being），否则就只能"旁

---

[1]《礼记·中庸》曰："道不远人。人之为道而远人，不可以为道。"
[2] 详细论证请参见赵汀阳：《第一哲学的支点》第三章，生活·读书·新知三联书店，2017年版。

观地"认识存在物（things）。既然人不是万物的创造者，就不可能拥有关于万物的创世学知识，也就不可能理解"万物世界"（the world of things）的存在意义。因此，万物只是人的认识对象，却不是思想对象，人能够提出关于万物的知识问题，却无法提出关于万物的思想问题——思想与存在是同一的，只有创造了存在才拥有关于存在的思想。人所创造的只是历史，所以历史是人的合法思想对象。当存在论的问题收敛于人所创造的历史世界，即"万事世界"（the world of facts），人就能够以历史创造者的思想尺度去反思万事的存在意义。因此，人也有属于人的创世学和存在论，即历史形而上学或形而上化的历史。

人无法通过认识而为万物立法，就是说，认识者不是主体，创造者才是主体。试图以我思去建构先验主体，并且在我思中去理解万物的存在意义，这是笛卡尔以来的现代哲学幻觉。世界并不存在于我思的内在时间中，我思的内在时间只是现在完成时，无法占有过去和未来，因此，我思中的万物只是即时观念，并非存在。尤其是，我思不可能把握无限性，我思的有限性注定了不可能通过知识论的成就而成为形而上的主体。此处的关键证据是，我思不可能普遍必然地知道世界存在的下一步状况，因此人不可能以知识论为万物"立法"（笛卡尔、康德和胡塞尔分享了主体性的立法幻觉）。人不能决定"造化"，只能"造事"，人只有通过造事行为才能够建立主体性，因此，人仅仅是历史的主体，却不是万物的主体。对于人来说，历史是存在的唯一现身时间，只有在创造历史的时刻，存在才作为思想对象而涌现出来。唯有历史见证存在本身，见证一件事情在时间中存在或不存在。人能够决定一件事情发生或者不发生，能够毁灭或者保护一个事物，能够杀人或者救人——如果不能决定一件事情存在或不存在，就没有历史，也就没有机会见到存在现身。

以历史为本的精神世界虽然专注于形而下之世事，所追问的却是形而上之道。事实上，任何一种思想都无法回避形而上的问题，因为任何一种思想最后都追溯到形而上问题。人对形而上问题不难给出多种解释，但每一种解释自身还是一个形而上问题，仍然不是答案。永无最后答案的形而上问题如此令人失望，那么，是否可以干脆不理会形而上问题？按照维特根斯坦的意见，对形而上问题就应当"沉默"。可是，沉默虽是思想的自知之明，却不足以安身立命，人总是需要安身立命的精神世界，不可能等待永不现身的最后真理。在这里，安身立命的需求强于对答案的追索，安身立命之地重于真理。形而上问题显示了思想不可逾越的界限，同时也正是形而上的问题使人的精神获得了无限的深度。关于形而上问题的言说虽然不能产生知识，却产生精神。人在没有答案的形而上问题上重复着自古以来的执着，尽管形而上问题几乎没有变化而少有新意，人们却在变换追问方式中体会历久弥新的精神。

无论对形而上问题有多少种不同的追问方式，所有形而上问题在根本上说都是关于无限性的困惑。任何关于有限性的问题，无论多么费解，最终都能够化为知识，而事关无限性的问题都不可避免地变成形而上问题，因为无限性具有无法知识化的超越性。无限性既是无边的压力也是巨大的诱惑，最常见的回应方式是求助于宗教，以宗教为本的精神世界也因此成为了大多数文明的基础。在无限性面前，不得解惑的人求助于不朽之神而不是求助于会死的人，应是人之常情。会死的人本身就是有限的，不足以解答无限性的问题，而不朽的神因其不朽而等价于无限性，理当知道一切问题的答案。但令人失望的是，假如有神，人也不可能听懂神意，因为人的有限性不可能理解神的无限性，正如低维空间的存在无法理解高维空间的存在，人神之间存在着巨大的维度差。于是人又想象了能通神意的先知（即最早的翻译）或者巫师，可是，从无证据可以证明先知或巫师何以能够通神，这是个致命的理论缺陷。所以，对于宗教，盲目相信终究是唯一有效的保值方式，对此无须理论依据，这是宗教广为大众所接受而同时又经不起怀疑论追问的原因。对于形而上问题，给出一个宗教的回答不需要勇气，而给出一个历史的回答才需要极大的勇气。这意味着，人敢于在有限性之中去展开无限性，敢于在形而下的世事中去发现形而上的超越性。这相当于一种康托式的努力。[1]

虽然一个精神世界总是有限的，但只要内含无限的动态余地，就能够维持自身的无限活力，从而能够在精神世界内部建立无限性。以历史为本的精神世界就是这样一个精神世界，历史的经验性意味着在时间和空间上的有限性，那么，形而下的经验性何以回应形而上的超越性？以历史的有限时空如何回应形而上的无限问题？简言之，如何以有限性去回应无限性？时间是无限的，历史是有限的，两者之长短无法相较，与时间相比，历史只是一瞬。那么，是什么理由使人敢于以历史去回应时间？敢于以青史去对应青山？敢于以人间经验去应对超验问题？这是一种什么样的勇气？

理由十分简朴，这就是：经验是思想的最后凭证。尽管思想能够在概念或数学的纯粹领域里证明许多绝对为真的先验原理，那也仅仅是证明了那些先验原理在理论世界里必然有效，并不能因此证明那些先验原理在经验世界里也普遍必然有效。唯心主义哲学家（以康德为代表）就试图论证先验原理对于经验普遍必然有效，但这个观念一直只是理论或信念，从来没有被普遍证实，也不可能被证实。因为理论上的无穷可能性无法全部实

---

[1] 康托发现并且证明了规模比较大的无穷集合可以完全映射到规模比较小的实无穷集合中，相当于证明了"蛇吞象"是可能的。康托的划时代努力曾经被数学界认为是荒谬的，他在巨大压力下得了神经病。

现为经验，所以先验原理对于无穷可能性的有效性永远都不可能被证实。尽管先验原理有着逻辑论证，但完美的纸上谈兵不等于实际的胜利。思想的有效性还必需最后一个证明：在经验里是灵验的。如果缺乏经验的灵验凭证，完美的先验原理就只是解释了那个在逻辑中的世界，却没有解释我们所在的经验世界，或者说，先验原理只是逻辑上必然有效，却并非在存在论上必然有效，存在总有逻辑不能解释的奇迹，所以逻辑不能代替存在论。[1] 既然经验世界是人所拥有的唯一生活和任何思想的最后证明，那么，无论经验世界多么有限，人也只能以有限的经验去理解无限的形而上之道，因为经验是超验的唯一显形。

但只有勇气是不够的，还必须找到方法。

既然给定历史是一个有时间限度的过程，其经验尺度明显小于理论上的无限性概念，这意味着，要在历史中去理解无限性就只有一个办法：以历史为本也因此以历史为限的精神世界必须在自身中发展出一种"有限内含无限"的方法论，即能够实现"以小见大"效果的方

---

[1] 曾经有人讨论过一个有趣的问题，可以说明先验原理的有效性：数学定理是先验的，但数学描述的那些对象实际上只存在于数学中。比如说，现实中并不存在绝对的圆形，也不存在实无穷集合，但不可思议的是，数学的先验定理在经验中总是有用的。这一方面似乎说明，先验原理对于经验的有效性，但另一方面，其实说明的是，只有当在经验中有效，那些先验原理才会被承认。假如某个先验原理在经验中无效，它必定不会被承认。

法论，以达到在有限性之中理解无限性。要达到"有限内含无限"的效果，历史就必须形成对内无限开放的空间，使得任何历史问题都可以通向无穷解释，并在无穷解释中产生无穷意义。当然，在实际上，历史学家不可能去解释一切问题，只是选择具有丰富解释余地的某些事件。虽然历史事件是有限可数的，但历史事件之间的意义关系却可以形成无数问题而容纳无穷解释，于是，历史空间虽然有限，但内部空间所能够容纳的意义却是无限的，因此能够以有限性内含无限性。这种"有限内含无限"的历史方法在精神上类似于康托的数学方法，即无穷集合可以映射到有穷集合的无限内部区间中。只要历史拒绝定论，使历史解释永无终结，那么，意义的无穷延伸性就能够给有限的历史撑开一个"对内无限开放"的意义空间，历史就具有无穷的意义潜力，以历史为本的精神世界也就成为一个"内无穷"的世界而具有形而上的能量。

当然，一个"内无穷"的历史世界并非现成的意识状态，或者说，以有限内含无限的历史自觉意识并非历史的初始状态，而是来自一个"历史的启蒙"过程。从陈梦家、张光直到李泽厚老师，都特别注意到，历史为本的精神世界在形成过程中发生过一个由巫到史的关键转换。我相信正是这个转换形成了历史的启蒙，从而确立了以历史为本的精神世界，恰如李泽厚老师概括的，由巫到史的转换形成了一个传统。[1]既言传统，就意味着，虽然巫与史各自关注的事情分属神人两界，但其间必有串联承接之一致性，否则不可能无碍过渡而形成一个具有基因连续性的传统。

巫与史的共点就在于对直接经验的信任。这种信任并非来自必然的理论证明，而是一种经验主义的信念：虽然经验未必为真，但在经验之外却无真实性可言。[2]但这里仍然有个怀疑论问题：既然经验未必为真，又何以信任经验？这个疑问也正是先验论建立唯心主义理论的出发点：既然经验未必为真，那么不如去信任必然为真的先验命题。然而，更重要的是这个问题的另一面：经验之外无真实。真而不实的先验命题只能解释理论，却不足以解释生活，因此，无论有多少无懈可击的先验命题，由先验命题构成的先验世界终究不能等价兑换生活世界，不仅难以解释生活，也拯救不了生活。思想可以是先验的，但生活只是经验，人们只能生活在经验中，没有别的地方可以生活。显然，经验的可信性并不在于必然为真——这是做不到的，庄子和笛卡尔都论证过这

---

[1] 陈梦家：《商代的神话与巫术》，《燕京学报》第20辑，1936年；张光直：《美术、神话与祭祀》，生活·读书·新知三联书店，2013年版，第85页；李泽厚：《由巫到礼 释礼归仁》，生活·读书·新知三联书店，2015年版，第13—21页。
[2] 逻辑上为真（true）只是纯粹形式的真，却不是真实（real）。只有真而不空才是真实。

一点——而在于经验具有不断重组的无限潜力,展开为一个无穷的势,在无穷展开中不断产生新的意义,不会停步在任何定论上,这正是关键所在:有余地就有生机,无定论就有前途,因此,信任经验并非相信经验皆为真,而在于信任经验的无穷性。

回到前面的问题:巫术与历史分属并不相通的神人两界,那么,由巫术到历史的革命性转换是如何可能的?根据记述,大约在新石器时代后期发生了"绝地天通"的宗教变革,即杜绝在天地之间进行混乱无序的巫术沟通。[1]但颛顼的"绝地天通"政策只是禁止了人人自我定义的无法度巫术,并未取消权威性的官方巫术,事实上颛顼任命重和黎两位最有学问的大臣掌管权威巫术。上古巫术在当时是最高学问,地位相当于今天的科学,而且确实也涉及某些科学内容,比如说天文历法。徐旭生认为,一年"三百六十六天"的测定或可能是重和

---

[1] 绝地天通的故事最早见于《尚书·吕刑》:"乃命重、黎,绝地天通,罔有降格。"详细解释见于《国语·楚语下》:"昭王问于观射父,曰:'《周书》所谓重、黎寔使天地不通者,何也?若无然,民将能登天乎?'对曰:'非此之谓也。古者民神不杂。民之精爽不携贰者,而又能齐肃衷正,其智能上下比义,其圣能光远宣朗,其明能光照之,其聪能月彻之,如是则明神降之,在男曰觋,在女曰巫。……民是以能有忠信,神是以能有明德,民神异业,敬而不渎,故神降之嘉生,民以物享,祸灾不至,求用不匮。及少皞之衰也,九黎乱德,民神杂糅,不可方物。夫人作享,家为巫史,无有要质。民匮于祀,而不知其福。烝享无度,民神同位。民渎齐盟,无有严威。神狎民则,不蠲其为。嘉生不降,无物以享。祸灾荐臻,莫尽其气。颛顼受之,乃命南正重司天以属神,命火正黎司地以属民,使复旧常,无相侵渎,是谓绝地天通。'"

黎的贡献。[1]另据《尚书·尧典》，对四时历法以及对一年三百六十六天的确定被认为属于"羲"与"和"的功劳。羲与和正是重与黎的后人，这两个家族历代掌管测量天地四时的事务，所以天文历法可能是这两个家族历代的累进成就。

"绝地天通"是对巫术的最早质疑，却不是否定。在"绝地天通"之后的很长时间里，官方巫术仍然是解释未来和无限性问题的方法，尚未发生由巫术转向历史的历史启蒙。那时，先民看重的是对巫术实践中的"灵验"经验加以总结，却没有迹象表明先民对建立超验信仰有任何兴趣，这似乎意味着，先民一直都相信具体的"灵验"经验而不相信超验原则。在文明早期，如此坚定的经验主义是如何生成的，仍然是个谜，有待历史学家去解密。

根据一般的宗教理论，人类早期"未成熟"的巫术宗教通常总会进化为"成熟的"超验宗教，即由作法的迷信转向聆听神意的信仰。可是古代中国长达数千年的巫术终究也没有产生成熟的宗教，这是一个意味深长的反例。可以确认的是，先民非常重视巫术的灵验经验。商代甲骨文残片中有大量关于占卜的记录，这是先民保留占卜经验的证据。灵验有着经验直接性，最可取信，所谓眼见为实。古时候，巫术实践的灵验经验被认为是

---

[1] 徐旭生：《中国古史的传说时代》，文物出版社，1985年版，第85页。

天意的证据，根据现代科学可知，巫术的灵验只不过是概率事件，最大灵验概率无非五五之数，而作法步骤和参数越多，灵验概率就越小，因此，在事实上巫术的灵验度应该不高。但从心理现象来看，人偏心于记住成功经验，灵验的心理投影远远大于不灵验。这种偏爱成功例子的心理至今如此，不灵验经验往往被遗忘，而灵验经验占据了记忆空间。在古人的经验世界里，灵验就是最高的价值标准，就是硬道理。这种以灵验为准的理性经验主义的态度大概就是李泽厚老师所谓"实践理性"。对于具有实践理性的人来说，灵验才是一切真理的最后证明，甚至是唯一证明。基本筛选模式直截了当：如果B方法比A方法灵验，那么就接受B方法；如果C方法比B方法灵验，就接受C方法，以此类推。显然，对于遵循实践理性的人，在直接经验中难见灵验的抽象理论或抽象信仰很难有吸引力，除非出现特殊原因，否则没有理由去相信在经验之上的超验原则，由此看来，超验宗教的出现并不是正常的"进步"程序，反而一定另有特殊原因。

尽管尚无充分材料解释古人何以自古以来就倾向于实践理性，但事实如此。有一种流行看法认为，农耕社会由于依赖农作物的生长经验以及天时经验而倾向于经验主义。这种分析有部分道理，但恐怕不是充分理由，也不是特殊理由。强调农耕社会的特点对于理解早期中国并无明显意义，因为农耕并非中国社会独有的特点，世界上另有多个农耕社会，而且，完全成熟的农耕社会是在周秦时期的农业大发展之后逐步形成的，而文明早期的中国与世界上其他文明的早期社会一样，都属于采集、渔猎和农耕的混合经济生产方式，未见多么与众不同。中东两河流域最早种植了小麦，中国长江流域最早种植了水稻，北方最早种植了小米，都大约始于九千年至一万年前，其农耕经验应该类似，因此，灵验应该是所有早期文明都认可的价值标准。当然，所谓灵验只是有时候灵验，并无必然性，因此，灵验一方面蕴含着经验主义，另一方面蕴含着神秘主义，既可走向理性解释，也可走向非理性解释，并无定数。文明早期的中国何以发展出稳定的实践理性思维模式，还是待考之谜。

可以肯定的是，当有了稳定的实践理性，从总结巫术经验转向总结历史经验，从掌握占卜经验的巫转而成为掌握人事经验的史，就势在必然了，其中最有力的理由是：历史经验比巫术经验更为灵验。历史的灵验之所以胜过巫术，根本之处在于，人事成败的被解释项和解释项两者同样存在于经验之中，同样可见可验，或者说，人的"作"和作之"用"同样在场可验，所以具有完整的灵验结构。与之不同，巫术隐去了解释成败的解释项，而不在场的解释项就蕴含着任意的解释，永远无法对解释项进行验证，因此是一个不完整的灵验结构。隐藏解释项是巫术到后世的种种迷信秘术所以显得永远正确的来由，但也是思想缺陷，因此，随着思想理性能力的发展，不在场的解释项就变成了自我挫败的证明。

不过，传统有着很强的惰性，由巫术到历史的转化不能含糊地说成是通过思想逐步理性化和行为经验的逐步积累就水到渠成的过渡，终究还需要一个划时代的突变理由。由于远古的历史材料有限，要讨论一种文明的精神突变理由，就需要一定的猜想推测。也许可以说，无论是以一神教为代表的信仰型文明，还是以历史意识为本的历史型文明，都源于不寻常的文明基因突变，都有其脱离巫术的非常事件。所谓从不成熟的宗教总会慢慢变为成熟的宗教的路线图只是一个进步论的文学故事，文明的实际演化并无此规律。一神教文明和历史型文明在今天显得是主流类型，是因为其他数十种文明已经消失或萎缩了。

那么，是什么特殊原因导致了巫术文明发生基因突变而产生一神教文明或以史为本的文明？既然对此问题缺乏充分证据，我们或可如此推想：一神教的精神基础是苦难。一个民族被压迫、被奴役甚至被迫流离失所的长期苦难经验非常可能就是产生一神教的原因，因为长期的负面经验构成了对经验的否定说明，同时也诱发了寻求超越精神的动力。这里的原型是犹太教，犹太教是一神教的起源，其他一神教都是其分化结果。正是长期的迫害、苦难、流亡和离散使一个民族意识到，当物质一无所有，也无家园可以避难，唯一能够使人们同心同德、同舟共济、即使分散也可相认的印记就是一种集体共享而排他的唯一性精神,所以需要创造一个唯一神来凝聚集体的精神力量。在这个意义上说,苦难是一神教的精神理由。[1] 与此不同,如果一个民族的成败经验更多与人力人谋的主动实践有关,那么,功业和教训就是榜样和戒律,历史正是所有榜样和戒律之汇集,即灵验与不灵验实例的账本,因此历史成为精神的依据和同心同德的理由。从三皇五帝的有为之作到大禹治水之功,种种功业都出于人为,长期"事在人为"的有效经验给出的提示是:历史比巫术更灵验。这非常可能就是产生以历史为本的精神世界的关键理由。

周武王克商,终于成为了由巫变史而建立以史为本的精神世界的临界事件。商代末期,周邦虽小,却向有敬德惠民之美名,因此得道多助而克商。这个如有神助而实为人谋的革命提示着一种新观念,使周人发现使人和谐之"德"比"天命"更灵验,因此自西周开始,就把人与人的关系奉为至理,灵验概念的重心从巫术经验向历史经验明显偏移。其中最具反思意义的事实是,商朝极重祭祀神明,敬天不辍,却不得天助而亡,这种与人和的成功形成强烈对比的负面经验动摇了巫术的可信

---

[1] 扬·阿斯曼说:"对于以色列这个被迫离散并遭受各种迫害和压迫的民族来说,还有什么故事能够比出埃及这一事件更恰到好处和更加意义深远地让他们保持求生的意志?"见阿斯曼:《文化记忆:早期高级文化中的文字、回忆和政治身份》,金寿福、黄晓晨译,北京大学出版社,2015年版,第219页。

度，无形中奠定了历史为本的地位。不过，传统毕竟是传统，周朝并没有取消天命的至高地位，只是给予重新解释，认为不可见之天命须有可见证据方为生效，空言天命只是妄称天命，并无灵验，因此创造性地将人心所向确认为天命之明证。这是具有直接说服力的灵验证明，而其他的证据如天象地动皆是可以主观灵活解释的现象，缺乏不可置疑的力量。正所谓"顺乎天而应乎人"[1]"皇天无亲，唯德是辅。民心无常，惟惠之怀"[2]"民之所欲，天必从之""天视自我民视，天听自我民听"[3]。周朝的顺天应人原则既是思想革命也是神学革命，它开创了天人合一的思想传统（尽管其理论的完整论述或晚至战国甚至汉代），同时也开创了历史为本的人文新传统。正因为周朝思想将天命倒映为人心，天道下达为人道，上德验证于人德，问天转为问人，通过得道多助的政治革命的灵验实例，加上"顺天应人"的文化革命理论，巫术经验才最后让位于历史经验。

当思想的重心从巫术经验转向历史经验，历史就接手了对一切意义的解释，负责回答一切生死存亡的选择问题，具体地说，历史必须解释一切祸福得失、兴亡盛衰和顺逆荣辱之道。以历史经验去解释一切选择的得失，

---

[1] 见《周易·革·彖》。
[2] 见《尚书·蔡仲之命》。
[3] 见《尚书·泰誓》。

就意味着以人的历史来解释人,甚至历史成为人的定义,在历史之外,人不存在,而神学的解释只剩下修辞功能,由此就建立了人对自身意义的动态循环解释。如果没有设定天人合一的原则,就不可能以人应天,无法将"天"的问题纳入"人"的问题之中,就无法将天的原则转译为人的原则,就不可能以历史应对时间,也不可能以有限包含无限。在此,以历史为本的精神世界创造了关于人性的一个最大神话(正如上帝是神性的最大神话),从而建立了与不朽自然同辉的不朽历史,历史因此被赋予了超越性而成为解释人的形而上学。

然而,无论在形而上的意义上还是在形而下的事实中,历史的不朽终究是有穷的,无法与自然之不朽相较,青史之流传终究不及青山之永固,历史的热心难以克服时间的狠心——所有事物在时间中都终将烟消云散。这是人不可能超越的问题。不过,以历史为本的精神世界却在自然之外开创了另一种同样不可回避也无法还原的形而上问题,即历史如何为存在赋予意义,它反思的不是"存在是什么",而是"存在何以有意义"。就问题的规模而言,"存在的意义"小于"存在",但就问题的分量而言,"存在的意义"却与"存在"同等重要,显然,如果存在没有意义,也就无须反思存在了。对于思想而言,历史才是关键问题,而尽管存在是最大的事实,却不是思想的有效问题,因此,历史才是存在论的能量所在。

以历史为本的形而上学是悲壮的,它敢于在有限性之中创造无限性,从而使无意义的存在具有意义,同时也使形而下的经验具有形而上的超越性。历史形而上学之所以如此悲壮,在于它试图通过历史而使无生命的存在变成生命的存在,即使生命终将消失,但生命是存在的唯一显形。自然本身虽然无限无穷,却无意义。无人便无言,无言则无意义。自然之不朽只是自在之不朽,无法证明自身具有意义,虽永恒却不构成思想问题,换言之,在青史之外的青山没有意义,只因无人在场,无人提问,自然也就没有被赋予任何精神附加值。存在本身只是如其所是,是自身的同义反复,既不是关于任何事情的问题,也不是任何问题的答案,所以无意义。严格地说,存在永在,但因为本身无意义,于是永在即永死。在此可以发现以历史为本的根本道理:历史虽然有穷,却是一切存在具有精神意义的根据,是存在从"死在"变成"活在"的能源。历史是时间之灵,如果没有历史,时间就只是流逝,有了历史,时间就变成一切价值的证书。

作为经验的历史虽然身在形而下领域,却意在形而上层次,只要能够建立起"有限内含无限"的结构,历史就能够为形而下的事物赋予形而上的意义,在此,历史兼备形而下和形而上的功能,是形而上和形而下的合体概念。尽管时间比历史更久更远,但作为思想问题,历史却比时间更为基本,就是说,就存在的顺序而言,时间先于历史，而就问题的顺序而言，历史却先于时间。正因为历史赋予时间以意义，因此，如果没有历史，就不需要讨论时间。我们必须同情奥古斯丁回答不出时间是什么，其实谁也答不上来，因为时间就是时间，就像存在就是存在，都是一切事情的绝对前提，然而存在或时间本身却不是存在论中的问题：无所问，也无可问，更无答案，只是存在论的给定前提。历史反而是存在和时间的意义来源，正是历史使得存在和时间成为有意义的问题。如果不是因为历史使永恒的死在变成有限的活在，存在就只是本身的重言式（tautology）——存在本身永如其所是，一切如常，只有当时间化为历史，才有了不平常的事情。

意义链和问题链

时间概念处于形而上学无法理解的最深处。哲学家试图借助"绝对""内在""本源""存在""过程""绵延"之类同样难以理解的概念去解释时间是徒劳的，不过徒增词汇。自爱因斯坦以来的理论物理学对时间的理解有了惊人的成就，可是科学的时间概念或能够说明万物的存在方式，却不能解释人类的生活节奏。"人的时间"以经验刻度为准，是"物的时间"所无之尺度。

历史是刻上了人文标记的时间，或者说，是刻在时间上的人文标记，正是历史将时间变成了生活经验的形式，所以，历史是最接近时间的哲学问题，在这个意义上，历史哲学不止是一种"关于历史的哲学"，同时也是一种关于无穷意识的形而上学，即关于无限性问题的形而上学。人的时间蕴含着多种可能生活的维度，内含在无数方向上展开的可能性，所以历史是一个多维时间的概念，不可能表达为线性时间，历史也就没有既定规律，这正是历史的神秘之处。

没有历史哲学的历史只是故事，只是表达了生活片段的史实。如果故事不被安置在某种意义框架或问题线索内，本身并无超出事实本身的意义，也将随着事实的退场而消失。历史的意义在于建构一种文明的延续性，而不是信息登记簿。历史哲学试图揭示历史的历史性（historicity），即赋予时间以意义从而化时间为历史的时间组织方式，同时也意味着一种文明的生长方式，也就是历史之道。

历史基于时间，却始于语言，就是说，语言开创历史。历史的生命体就是语言，历史是用来说的，历史也是说出来的，历史就在言说中存在，不被说的就不存在。在行为造事的意义上说，人是历史的创造者，因而是历史的主体，但在述事中建立精神索引的意义上，历史的主体是语言。"历史"这个概念有着双重所指：（1）过去所做的事情；（2）所说的过去事情。如果是过去所做的事情，那么历史的主体是人；如果是所说的过去事情，历史的主体是语言——被说的历史已经转化为一个文明甚至人类共享的精神世界,不再属于个人行为或记忆。

据说在前语言时代的人类已经有了关于经验的主动记忆能力,一般归为主动使用工具之功。记忆是历史的资源,但在前语言时代的记忆尚未转化为历史,那时的记忆尚未形成必须反思的问题,只是值得重复的经验。反思才是历史的开始。如果说,对普遍问题的反思引出哲学,那么,对特殊问题的反思则发动了历史,而历史哲学进而将特殊问题化为普遍问题。只有当人们对于生存经验有了分歧的理解,才开始形成必须反思的事情,也就是非"争说"不可的事情,因此人类从自然默契的信号系统中创造出能够表达争议的语言。信号系统不可以存在争议,否则失去通讯功能,而语言表达一切争议,争议意味着互相反思,所以产生思想。

语言、思想和反思三者的起源是同一个创世性的事件,都始于否定词(不;not)的发明。[1]否定词的创世魔法在于它摆脱了必然性而开启了可能性,使人拥有了一个由复数可能性构成的意识世界。发明否定词是一件人类创世纪的大事,在此之前,意识只是服从生物本能以及重复性的经验,却意识不到在此外的可能性,因此没有产生出不同意见,没有不同意见就没有不同的生活。当否定词启动了复数的可能性,使不存在的事情变成意

---

[1] 关于否定词的发明的详细分析,请参见赵汀阳:《四种分叉》第二章,华东师范大学出版社,2017年版。

识中的存在，于是意识就共时地拥有了无数可能世界，也使语言成为一个包含多维时间的世界，在理论上包含了所有可能世界，也就包含了所有时间维度，每个人的时间、许多人的时间、古人的时间、今人的时间、未来的时间，都同时存在于语言的时间里，于是古往今来的事件被组织为一个共时的意识对象。所以说，有了语言，时间才能够被组织成历史。任何事情，无论伟大还是渺小，只有被说，才存在于可以索引的历史中。在这个意义上，历史的主体是语言。

人们有理由提问，事实上也经常这样提问：历史是不是真的？我们如何能够相信关于那些已不复存在、再也不得一见的事情的记述？这就要看在什么条件上为真。由于过去不可能重演，过去的事实就不具有科学意义上的可重复性，也就不可能在科学意义上为真。因此，更准确的问题是：什么历史是如实的？还有，历史是否需要如实？我们需要考虑两种真实：一种真实是在时间中发生过的事实，这是属于过去完成时的事实。例如，黄帝的人物原型，大禹治水或者长平之战的事件本身。但是事件本身已不存在，人们所知只是关于事件的记述。任何关于原型人物或事件的记述，无论其态度是客观的还是主观的，其实都是文学化的。黄帝是否真有那么伟大，不见实证；大禹治水是否属实，有待考证；长平之战是否真的坑杀了四十万兵，未必可信。另一种真实是随着时间一直在发生着"当代性"作用的事实，即属于现在进行时的言说事实。例如,黄帝垂衣裳而天下治的神话,大禹治水的传说,或者长平之战的故事,这些记述存在于语言中而构成在一个精神世界里的真实。

第一种真实是考古学和历史学试图重新发现的往事真相,即时间性的真实。既然往事无法复制再现,即使考古学有幸发现了一些铁证从而证明了一些往事的存在,却不能证实关于往事的故事描述,就是说,历史考证至多达到个别"命题真",却不可能达到整个"故事真",只能证明关于一些事件的"存在命题",并不能证明关于事件的"描述命题"。比如说,档案、录像、照片、签字文件等材料可以证明德国在1945年战败投降,却不足以证明二战的各种故事细节为真。或者,确实发现了长平之战的万人坑,但也只能证明发生过大屠杀,却不能证明屠杀了四十万。第二种真实是在历史中的言传事实,即历史性的真实,它既是语言中的文化存在,也是心理存在。也许言传的事实并不完全符合往事真相,甚至有较大出入,但那些故事的"言传"是个事实,而且在历史中起到了塑造文化和心理的作用,承载着历史的意义和价值。就其对精神世界的塑造力来说,言传事实比往事真相更具力量,那些随着时间消失的真相不曾塑造一种文化的精神,也就没有成为世世代代人们的精神生活。假如考古学成功地重新发现了消失的真相,当然就增加了历史新知识,即使如此,被恢复的真相仍然无法否定流传的历史形象,因为流传的历史形象已经获得了独立于真相的精神价值,它作为一种精神事实存在于精神世界中。

执着于探求往事真相的人也许可以抱怨说：过去发生的事情从来就不是历史所说的那个样子——的确如此，可问题是，作为叙事的历史无论如何也不可能完全像往事本来那个样子，而且，更值得思考的是，人们更需要有精神性的故事而不是完全如实的故事。谁会相信愚公移山是真实事件？可是其原型事实肯定不如这个寓言那样具有精神性。因此，两种真实，时间里的真相和历史性的真实，是并列的存在，并不是必须二选其一的取舍关系，一种真实建构了知识，另一种真实建构了精神。

往事在时间中消失，又在历史中存在，在此，时间化为了历史。如果成为精神形态的历史始终在场，那么，历史的时态是过去时吗？在时间中消失的往事当然属于过去完成时，历史叙事却不是过去时，而是现在时。只要是尚在流传中的历史，就属于现在进行时，是尚未完成甚至永未完成的作文。历史的现在时态与克罗齐"一切真历史都是当代史"[1]的论点有部分相通之处，但观察角度有所不同，因而理解也不尽相同。历史时态总是现

---

[1] 克罗齐这句名言如果直译就应该是"一切名至实归的历史都是当代史"，更流行的译法"一切真历史都是当代史"来自英译"every true history is contemporary history"。英译虽非完全如实，却不是错误，true也有"货真价实"的意思，但似乎容易引起误解。在此采用人们已经习惯了的流行译法。参见克罗齐：《历史学的理论和实际》，傅任敢译，商务印书馆，1997年版，第13页。

在时态，并不等于历史观点总是当代观点，而是相反，当代观点经常是历史观点的现时在场，即使是当代的新观点，也承载着历史观点的基因。历史的当代性不仅在于往事符合现实的思想兴趣，更在于历史所定义的精神世界与时同在而具有从未消退的当代性，就是说，历史的精神世界就是我们时时刻刻心在其中的精神世界，并没有在历史之外的另一个世界可以居留。我们确实会遇到前所未有而激发新思想的新问题，却不可能有一个完全独立于历史的当代观点，因为我们的大部分思想内容都是历史性的。历史是一切精神事实的存在方式，所以历史永远以现在进行时存在着，同时，历史是一个永未完成的世界，所以永远具有当代性和未来性——除非一种文明毁灭。历史的意义就在于把曾经存在然而在时间中消失的事情变成一直存在的故事以便承载精神，在这个意义上，历史是一种存在得以继续存在的能量，也是一种存在得以永在的方法论。历史就是现实的年轮。

就历史的有限记述能力和人们的有限读史能力而言，历史只能记载发生过的很少事情，"挂一漏万"对此是如实说法。人不可能用太多的现实时间去阅读过去的事情，以现实时间与过去时间进行兑换，必定是因为关于过去的记述具有重大价值，否则人不会用极其有限的生命去阅读过去的事情，以自己的生命去过别人的生活。因此，这里的问题是：什么样的过去具有大于现实时间的意义，以至于人们认为现实时间值得与之兑换？显然，如果一件事情值得写成历史，那么，它对于现时和未来，对于一种文明，应具有不可替换也不可还原的价值，所以人们愿意它永在现时之中，愿意让它占用一部分现实时间。

与今天的生活或思想问题之间不再具有连续性或一贯性的过去是遗迹或遗物，始终具有当代性的历史则是遗产，比如说，承载往事的记忆场所是遗迹，在那里可以怀古，其情感意向性指向过去；可以解释过去但不能解释当下问题的古物是遗物，关于古物的知识意向性也指向过去；一直活在现时里而具有当代作用的历史是遗产，主要包括从未在时间中退场离席的精神观念、神话、历史故事、方法论、思想学术、政治制度，也包括那些通过新的解释而重新获得当代性，因此重新变成遗产的遗物或遗迹。可以说，遗迹和遗物是关于历史的提醒标记，而遗产才是历史本身的所在。因此，历史也可以被看作遗产的评估-选择系统。

那么，什么是历史的选择标准或淘汰标准？作为现实的年轮，历史关心的是：什么往事需要一直保存？什么精神可以成为遗产？什么制度是现实的根据？什么问题始终具有当代性？显然，历史具有共有性和共享性，因此，在理论上说（实践上或有偏差），历史记载的是值得一个集体去追忆的事情或需要继续保值的经验，正是历史叙事创造了集体经验和集体记忆，也就是一个文明的生命事迹，既包括辉煌成就也包括苦难教训。如前所论，历史叙事做不到如实，甚至人们也不愿意历史故事完全如实，而更重视拥有精神和思想附加值的历史，因此，历史总是创造性的叙事，是文明基因的生长形式，它给每一代人解释了人们、我们和他们从哪里来、是什么样的、有什么伟大事迹或有哪些愚蠢的失败，它塑造了可以共同分享的经验、一致默会的忠告、不言而喻的共同情感和作为共同话题的记忆，总之，历史承载了可共同分享的故事，这些故事又成为解释生活的精神传统。正是通过历史，一种文明才得以确认其传统和精神。龚自珍深知失去历史就失去精神依据："灭人之国，必先去其史；隳人之枋，败人之纲纪，必先去其史；绝人之材，湮塞人之教，必先去其史；夷人之祖宗，必先去其史。"[1] 可以说，失去历史就变成精神难民。

可是，历史只是一个文明或一个国家的历史吗？难道没有一种包括所有文明或所有国家的历史？部分历史学家确有写作人类全史的意愿，代表作曾有黑格尔的普遍史或马克思主义的历史唯物主义。普遍史预设了人类有着普遍必然的演化规律，但是，这种普遍规律自身却无普遍必然的证明，仅仅是个假设，而且不同历史理论各有相异的假设。今天又兴起"全球史"，但只怕有些名不符实。全球史实际上只是"一些地区"之间的物质流通史、文化交往史或政治干涉史，在思想解释力度上尚

---

[1] 龚自珍：《龚自珍全集》第一辑《古史钩沉二》，上海人民出版社，1975年版。

不及普遍史。不过,全球史也不相信普遍史的普遍规律假设,而试图以实际描述代替假设,因此在如实度上胜过普遍史。然而,就目前来看,历史叙事的主要根据仍然是国家、民族或文明,全球史只是扩大了观察范围,从国家扩大到了地区之间的关系,但尚无以世界尺度为准的世界史方法论,而且,无论是普遍史还是全球史,都不可能成为一种具有共享性的精神,因为普遍共享的精神尚未形成,因此,普遍史或全球史都远远不是世界史。为何尚无可能写作真正的世界史?根本原因是"世界"尚未形成,世界史只是想象的乌有历史。[1] 既然全人类共享的世界尚未形成,就不可能生成具有共享精神的世界史。普遍史、全球史或世界史这些概念至今尚无与之对应的事实——世界尚未存在。

以历史去建构一个精神世界,虽然超越了知识论问题,但并不是说,历史无关真相,而是说,历史的真相以及想象一起共同创造了一个精神世界,共同建构了一个文明立身所需的形象、思想、经验、忠告、情感和记忆,因此,历史不等于历史知识,而是一个包括历史知识的精神世界,追问的是关于命运的秘密[2],一种连接着

---

[1] 赵汀阳:《天下的当代性》。中信出版社,2016年版,第200页。
[2] 命运的秘密是否能够破解,这是个未知的问题。我原先把这个问题定位为"关于命运的知识",但不是一种能够提前破解命运秘密的科学知识,而只是一种历史的"事后真理"。论证参见赵汀阳:《没有世界观的世界》,中国人民大学出版社,2003年版,第152—153页。

过去与未来的秘密,如司马迁所言,是关于"天人之际"和"古今之变"的秘密。[1]

那么,究竟什么是历史的根本问题?毫无疑问,历史包含着仁智各有所见的许多重要问题,但如果只归结为一个问题,我愿意说,历史的根本问题就是文明的生死,因为文明与历史同生死。假如历史只是求证史实而与文明的生死无关,那么历史就不那么重要了,因为无关生死的知识不可能非常重要。人们之所以对兴亡成败、治乱盛衰或得失荣辱的经验怀有无比兴趣,就是因为事关生死。人之所作所为,其价值由文明来解释,所以,一切事情的生死意义最终都在于文明的生死。文明的生死是一个存在论级别的问题,它解释了"继续存在"是"存在"的意义所在,因此,历史不仅仅是历史,同时也是形而上学。一种文明的生存之道就是一种文明的生长方式和维持存在的方法论,即历史之道。历史之道有多深的渊源、有何种去处、有多远的未来,就取决于它能够形成什么样的意义链和问题链。历史的意义链和问题链意味着一种文明的命运,它决定了一种文明是否能够继续存在,能够存在多长时间,也就决定了一种文明的生死。在这个意义上,历史意味着一个存在论问题,历史是看护文明存在的一种方式。

亚里士多德定义的形而上学忽视存在的历史性,只

---

[1] 司马迁:《报任安书》,《汉书·司马迁传》,中华书局,1982年版。

是研究超历史的纯粹存在。仅仅属于概念和逻辑的存在概念可以引出"一般形而上学",却无法成为解释生活的存在论,而不能解释生活的形而上学实际上无用武之地。一般形而上学所定义的"存在"(being)困在了纯粹概念里,也就没有从时间进入历史,没有任何历史事迹,也就意味着从未出场"实存"(exist)。既然只有概念而没有事迹,也就无话可说,也不可能形成必须反思的问题。一般形而上学的"存在"是贫困的,因为没有历史性的存在只是重言式的自身复制,与之相配的纯粹时间永远只有现时,毫无变化,等于静止,既没有过去,也没有未来,没有上一个问题也没有下一个问题。对于反历史的存在概念来说,最严重的问题是没有未来性,因此也无从思考"将要发生和可能发生的事情"[1],就是说,纯粹存在的时间只是无穷重复纯粹现时,不仅没有历史,也没有未来。

历史使存在从一般时间中开启了一种存在自己的时间,也可以说,当一种存在拥有了以其事迹作为标识的"自己的时间",就有了历史。所谓历史性,就是一种文明创造和组织自己的时间的方式,即化时间为历史的方式。历史的解释系统首先基于时间的分类法,以表达生活方式的历法和纪年标识出"生活时间",在此基础上,

---

[1] 亚里士多德:《尼各马科伦理学》,中国社会科学出版社,1990年版,第116页。

值得铭记的事迹进一步在生活时间中形成人文线索，在人类所作万事之间建立意义关联和问题关联，即意义链或问题链，也就进而定义了"人文时间"。历史——即有万变事迹的存在过程——使无差别的一般时间具有了意义、价值、标识和线索，也因此使"存在"通过事迹而在场。

为什么一个时刻比另一个时刻更重要？为什么有的时刻必须铭记而有些时刻只是似水流年？这取决于一个时刻是否具有人文时间上的意义，从而区别于无差别的似水流年。每一个本身无差别的时刻之所以获得独特意义就在于它能够成为历史的意义链或问题链中的一环。没有哪一个时刻能够仅凭自身去定义其意义，与前后无关的时间死于孤独。在历史中，总是由后来的事情赋予先前事情以意义，由后续的工作去证明先前工作的意义，就是说，意义永远有待未来性，意义不是内在于事物的一个常数，而是未来的一个函数。假如没有后续工作，先前的工作就在断裂中失去意义。所以说，没有一个现时能够因为本身而具有意义，也没有一件当下的事情能够自保其意义，历史中的每件事情，其意义和价值都不是自足的，都取决于它在后续历史中的延伸力。所谓"内在价值"是一个形而上学的幻觉。如果没有意义链和问题链，时间将消灭一切价值。历史在，意义就在。

历史也意味着一个无情的事实，或为大浪淘沙，或为势利选择，古代历史写作通常只让帝王将相或圣人伟人的事迹留在历史中，以免历史变得过于臃肿烦琐而无法阅读。但这个"有别原则"却与歧视无关，而与什么需要被铭记、什么需要加以复习、什么需要不断被解释和重新理解有关，更确切地说，与决定历史变迁的大事有关。历史演化的决定因素也在演化中，在古代社会，决定历史的人物几乎都是伟人圣人，所以古代历史的记载自然也是如此。在现代社会里，大众、共同体和国家更有影响力，历史的分析单位当然也随之变化，大众、群体和国家就成为主角。近数十年来，技术正在成为决定历史的首要因素，可以想象，将来的历史写作里，历史分析单位也需要变化，核武、电脑、互联网、基因工程、人工智能等将成为历史分析的主要对象。也许未来基于人工智能和基因技术的超人类会说，2050年之前的古代史是人的故事，之后的现代史是技术的故事。总之，历史记述必定只能有别地选择能够建构历史性的大事。

　　如前所言，人们不可能以太多的现实时间去兑换过往人们的时间，因此，历史总是后人希望看到的历史。如果一件事情值得被记忆、值得被反复讨论并需要加以保护，这件事情的历史性必定具有当代性，具有足够的精神能量以其短暂的时刻去占据自发生以来的长期时间。所以，历史不仅仅是往事的写照，而是对意义链和问题链的建构。一件事情只有当它成为时间的一个精神刻度才会作为意义链或问题链的一环而存在于历史中。大多数往事注定逝去如烟，大多数英雄也被浪花淘尽，因此，历史本身就具有悲剧性。

既然一个事件的性质、作用、影响和价值需要在漫长的意义链或问题链中去展开，那么，这是否消解了语境的当时意义？我们需要分辨语境与意义链或问题链之间的关系。曾经颇为流行的目的论历史观认为，一个事件的意义在于它所担负的历史使命，而历史使命则由遥遥在望的历史最终目的（所谓历史的终结）所预定。典型者有黑格尔史观、马克思主义史观、自由主义进步史观。按照这种理论，历史的最终目的是一切事件的意义索引，每个事件都可以根据事先预告的历史最终目的去查对其意义，就好像有一种神秘的力量在历史尚未发生之前就已经编好了一本以历史最终目的为准的历史辞典，用来查对每个事件的意义。可问题是，那个最终目的本身却无从查对，无处证实，是个悬案。

当代史学不愿意使用悬案作为依据，于是发现了"语境"，使之成为解释事件的新坐标。一个事件所发生的语境决定了这个事件的作用和影响，每个语境自身都是一本查对意义的辞典。当代史学非常看重语境化的意义，语境通常能够如实解释一个事件的意义，因此，要理解一个事件就要在其发生的语境里去定位。回到语境去，是如实理解事件的一个重要条件，但是，如实描述语境却依然是一个可疑的想象，因为至今似乎尚无足以忽视克罗齐命题的历史知识论。另外，我们也不能忘记还有一个"时过境迁"的问题。"境迁"不在于质疑是否真的能够如实回到当时的语境去，更不是质疑语境的重要性，而是提醒，每个语境都有着不确定性和非封闭性，或者说，语境总是未定型的，总是处于连续变化的状态，因此难以确定一个独立有效的语境，可见，语境也不是一个能够从历史过程中孤立切割出来的自足事态，不是一个已经勘探完毕的历史空间，而是一个无边界的动态连续体，因此，考察语境就不能将其作为一种"封场语境"，而是需要使其成为"再生语境"。

再生语境意味着：（1）语境是多层次情况叠加而成的。一个语境能够显现出多少种意义，在于后人有多少种方式去开发它，所以语境无法封场，总是留下需要不断应答的新问题，后人能够以不同的勘探法去重新发现过去语境的不同层次和不同面相，因而做出多种互不相同甚至互相矛盾却同样有效的解释。这里并不是支持历史相对主义的解释，只是承认历史的复杂性，承认语境的多层次意义。可以考虑一个典型案例：如何解释现代性的生成？历史学家可以在启蒙运动、文艺复兴、中世纪甚至古罗马和古希腊的语境里发现现代性的根源，也可以分别从经济、技术、社会、政治和思想的语境里去分析现代性的基础。虽然现代性是老题目，但当代历史学家还在为现代性发现叠加的新语境；（2）既然一个语境是连续生成的过程而不是一个给定而稳定的结构，于是，语境在时间中呈现为多种语境的叠加，历史研究会提供语境的某些切片，每个语境的"切片"都不足以形成充分解释，可是如果把整个历史过程看作一个事物的语境，却又等于消解了语境。于是，语境的限度在哪里？这是形成有效解释的一个困难；（3）演化中的语境连续体并非如数学时间那般均匀，其中一些演化环节是创造历史的时刻，或兴衰转折，或改朝换代，甚至是古今之变，那么，在时序中的哪些时刻可以被认定为是变迁的临界点，却未必是当时语境所能够确定的。一个时刻的重要性总在其后效，有可能是遥远的后效，于是语境就变成一连串没有结尾的语境，永远需要"以观后效"。比如说，纸、火药和活字印刷的发明在当时语境里并没有被认为是划时代的事件，只是廉价或方便物品的发明，尚未显示出创造历史的力量。或可如此想象，在2050年后的历史学家写作的古代史里，纸、火药和活字印刷就可能成为划时代的事件，而汉武帝、唐玄宗、明万历、清乾隆就可能只剩下寥寥数笔了。因此，锁定于某一时刻的特定语境对历史事件的解释力有其局限性，一个事件的历史意义必须在后效中慢慢展开。

显然，一个事件或一个语境的"历史后效"才是理解历史的关键问题。为了分析历史后效，我们因此引入意义链和问题链的概念。意义链和问题链标示着历史的精神刻度，能够显示历史的精神演化的里程。从这个角度看，事件史的深处实为思想史，或者说，思想史是事件史的深层结构。科林伍德最早断言了历史本质上是思想史。[1]不过,历史所蕴含的思想并不完全是科林伍德试图重演的历史当事人的思想,当事人的思想只是历史思想性的一个构成部分,而且当事人的思想还需具有历史后效才能够获得重大意义,就是说,历史中的思想必须能够展开为意义链和问题链才是有价值的,因此,发现历史所蕴含的思想,关键在于为之建构贯穿历史的意义链和问题链,而不在于重演当时之心。实际上科林伍德的"思想重演"理论遭到许多质疑,因为思想重演很难避免强加于人的理解甚至诛心之论。但无论如何,科林伍德把思想史看作事件史的深层结构是个有效的命题。

布罗代尔就未必同意这种貌似唯心主义的看法,对他来说,经济和社会生活的唯物主义结构演变史才是深层历史。[2]对历史的唯物主义理解毫无疑问有利于解释物质生活的演变,但同时仍然需要一条能够解释精神生活的线索。在此,我们需要把思想史理解为一个广义概念:所谓思想,并不限于历史文献中的思想和理论,也不仅仅是当事人的思想,还包括铸造在制度里的观念,即一切社会游戏规则所蕴含的制度化观念,包括政治制度、

---

[1] 科林伍德:《历史的观念》,何兆武、张文杰译,商务印书馆,1997年版,第302—306页。
[2] 布罗代尔:《地中海与菲利普二世时代的地中海世界》第一卷,唐家龙、曾培耿译,商务印书馆,第8—10、15页。布罗代尔把历史时间分为:几乎静止的地理时间、缓慢的社会时间和动荡的个人时间,或者结构性的中长时段和形势性的短时段。

法律、伦理、分配规则、文化标准、教育制度、时空管理制度等，化为制度实践的观念兼备观念性和实践性的现实力量，很可能是更重要的思想。因此，历史所关注的"思想"应该是物质生活和精神世界的交集，物质和精神在此无争论，而是一体。

充分的意义链和问题链就在于制度和思想的双重传承和互相建构。在意义链和问题链中展开的是一个文明整体的问题，事关一种文明的生长能力。就潜力而言，意义链和问题链可以无穷延伸，但实际上也可能由于外部破坏或内部自毁而产生无法恢复的中断，那就是一种文明的死亡。我们没有能力预料一种文明的意义链或问题链到底会停在哪里。

意义链和问题链实为一种文明生长方式的互补功能。意义链的功能在于精神基因的自身肯定、复制、强化和深化，使一种文明虽经变易而能够保持其所是；问题链的作用则在于一种文明对自身精神基因的自我反思、更新和创造，使一种文明在保持其所是的情况下能够不断维新。意义链是延伸性的，问题链是反思性的，结合而成为一种文明建构自身的能力，即内在于一种文明之中具有自反性（reflexivity）的循环维新能力。意义链和问题链的建构能力就在于始终处于互相激活的状态：如果没有问题链，观念就变成定论，而定论使思想失去活性；如果没有意义链，就没有值得提问的事情，也就不需要思想了。意义链和问题链联合建构的是历史性的链接，并非按照自然时序去建立事件关系，而是可以在任何时间点之间建立问题或意义的链接，因此，这种链接表达的不是事件的因果性，而是意义的关联性。比如说，一千年前的事件所蕴含的意义或问题有可能在一千年后得到复活，因此，一千年前的事件与一千年后的事件之间虽然不是时间性的衔接，却是意义或问题的历史性链接。事件之间的时间衔接只是事实过程，意义或问题的历史性链接才构成了精神性的历史。简单地说，事实过程不是历史，意义链和问题链才是历史。

意义链和问题链标识出一种历史理解自身历史性的关键线索，是历史对自身的反思和解释的路标，也可以说，意义链和问题链是历史为自身建立的索引，或自我检索系统，历史借此得以解释自身的意义。这种自我检索显然是自相关的，自相关在逻辑上是一个令人生畏的陷阱，但历史的自我检索却是一个开放性的动态循环系统，通过永无定论的动态自相关而形成生生不息的效果，从而避免了悖论。通过意义链和问题链的概念，我们得以考察一种历史如何建构自身。显然，任何一个历史事实，无论是事件还是人物，都不足以建构其自身的意义，都必须通过意义链和问题链的延伸才能够形成历史意义，而且，任何一个历史事实具有何种重要性，都取决于意义链和问题链的延伸程度。只要意义链和问题链的延伸没有终止，历史就是始终活跃在场的精神世界。所以说，历史意义并不属于一个历史事实本身，而在于这个事件

历史为本的精神世界

所提出问题的未来性，没有未来性就没有意义。任何一个历史事实都不是答案，而是对未来提出的一个问题，在这个意义上，一切历史都是遗留问题。所有事件性或语境性的意义都在不断分叉展开和演化的意义链和问题链中被修改、替换、抛弃或复活。不为尧存不为桀亡的历史之道没有预先程序，而注目未来性的意义链和问题链意味着一个不预设任何历史终点或最终目的的历史分析和解释框架。

对于意义链和问题链的建构，最基本的概念是"变易"和"生生"。这是《周易》的核心思想。变易的目的在于生生。存在只有继续存在才是活在，否则只是死在，因此，生生是存在的先验目的。继续存在必须变在，不能变在的存在只是存在的重言式，重复自身等于死，重言式在逻辑里是永真，在存在论里却是永死，所以说，"生生之谓易"（《周易·系辞上》）。生生是所有历史问题的出发点，在存在论的意义上，"继续存在"作为问题先于"存在"。没有生生，存在就无法形成任何问题。围绕生生之事所展开的变易构成了历史。生生的概念还蕴含一种有别于"知识论理性"的"存在论理性"，即以最有利于生命存在的方式去保证生命的继续存在，而知识论理性却是以科学和逻辑为准去思想一切事情，简单地说，知识论理性求真，存在论理性求活。真理的要求与存在的要求并不总是等同，因此，对于理解历史来说，存在是比真理更基本也更重要的问题。

历史有两类决定性的大事:"作"与"述"。这是分析历史意义链和问题链的第二组基本概念。"作"即创制,其关键含义是创制未来,即创造了某种具有继续存在的能量的存在秩序;"述"则是对"作"的精神解释,解释已经发生的伟大创作所蕴含的观念和问题。"作"创制了历史的意义链和问题链,"述"则解释了延伸着的意义链和问题链,在这个意义上,"作"与"述"正是历史的生命形式。任何一种"作"或者"述"都必须上承先前之"作"与"述"所开拓的意义和问题,同时开拓下接未来的"作"与"述"的意义和问题。

《周易》有关于早期文明的伟大之"作"的综述,罗列了从物质技术到精神制度的发明,包括形而上的概念-意象系统(八卦)、渔猎的网、农耕工具、贸易市场、政治制度、语言文字、舟船马车、房屋居所、棺椁墓穴等发明。[1]

---

[1]《周易·系辞下》:"古者包牺氏之王天下也,仰则观象于天,俯则观法于地,观鸟兽之文与地之宜。近取诸身,远取诸物,于是使作八卦,以通神明之德,以类万物之情。作结绳而为罔罟,以佃以渔。包牺氏没,神农氏作,斫木为耜,揉木为耒,耒耨之利以教天下。日中为市,致天下之民,聚天下之货,交易而退,各得其所。神农氏没,黄帝尧舜氏作,通其变使民不倦,神而化之使民宜之。易穷则变,变则通,通则久。是以自天佑之,吉无不利。黄帝尧舜垂衣裳而天下治。刳木为舟,剡木为楫,舟楫之利以济不通,致远以利天下。服牛乘马,引重致远以利天下。重门击柝以待暴客。断木为杵,掘地为臼,臼杵之利万民以济。弦木为弧,剡木为矢,弧矢之利以威天下。上古穴居而野处,后世圣人易之以宫室,上栋下宇以待风雨。古之葬者,厚衣之以薪,葬之中野,不封不树,丧期无数;后世圣人易之以棺椁。上古结绳而治,后世圣人易之以书契,百官以治,万民以察。"

《尚书》[1]《韩非子》[2]《管子》[3]《吕氏春秋》[4]《淮南子》[5]《世本》[6]等古书也同样记载了远古的类似重大发明，包括政治制度、天文历法、安全居所、火的使用、种植业、渔网、车马、文字图书、陶器用具、刑法、城堡、音乐、乐器、地图、医药、兵器、礼服、鞋履、舟船、牛耕器具、市场等。从以上古史记载的"作"来看，古人的创制都创造了有利于人类生生不息的未来。

所有对生活形成历史后效的大事都值得记述和解释，但并非所有必须"记"的事情都值得"述"。所记之事成为历史之账本，所述的意义则揭示历史之道，就是说，值得述的事情必是对存在秩序的立法。"作"通过"述"超

---

[1]《尚书·尧典》："（尧）协和万邦。黎民于变时雍。乃命羲和，钦若昊天，历象日月星辰，敬授民时。"

[2]《韩非子·五蠹》："上古之世，人民少而禽兽众，人民不胜禽兽虫蛇。有圣人作，构木为巢以避群害，而民悦之，使王天下，号曰有巢氏。民食果蓏蚌蛤，腥臊恶臭而伤害腹胃，民多疾病。有圣人作，钻燧取火以化腥臊，而民说之，使王天下，号之曰燧人氏。"

[3]《管子·轻重戊》："虙戏作，造六峜以迎阴阳，作九九之数以合天道，而天下化之。神农作，树五谷淇山之阳，九州之民乃知谷食，而天下化之。黄帝作，钻燧生火，以熟荤臊，民食之无兹胃之病，而天下化之。"

[4]《吕氏春秋·审分览·君守》："奚仲作车，仓颉作书，后稷作稼，皋陶作刑，昆吾作陶，夏鲧作城，此六人者所作当矣。然而非主道者，故曰作者。"

[5]《淮南子·本经训》："昔者仓颉作书，而天雨粟，鬼夜哭。"

[6]《世本·作篇》。包括燧人出火、伏羲作琴、芒作网、神农和药济人、蚩尤作兵、黄帝作旃冕、伶伦造律吕、容成造历、仓颉作书、史皇作图、于则作扉履、雍父作舂杵臼、胲作服牛、相土作乘马、共鼓货狄作舟、巫彭作医、祝融作市、奚仲作车，如此等等。

越了时间流逝而始终在场,成为后人继续创作的精神根据,因此,精神的连续性尤其在于"所作"化为"所述"。如章学诚所言,作是立法,述为立教,各有其功,因此"制作之为圣,而立教之为师"[1],立法者莫过于周公,而立教者莫过于孔子。孔子之立教,虽非制度立法,却是精神立法。司马迁就认为孔子之功不止于"述",实为精神立法之"作":"论《诗》《书》,作《春秋》,学者至今则之。"[2]孔子"作"《春秋》,确认了史学在中国精神世界中至上不移之地位,几将历史化为信仰。孔子并非历史意识之创始者,却是标准制定者,其标准即人道必须符合天道。所谓《春秋》大义,就在于以天道为准去鉴别什么是可变的或不可变的秩序。[3]显然并非任何秩序都不得改变——否则"汤武革命"的合法性就无法解释了——而是说,改变秩序必须符合天道。可见,需要铭记的大事又在于它蕴含符合天道之大义。司马迁说得最清楚,他知道历史不写什么:"非天下所以存亡故不著。"[4]

关乎天下兴衰存亡之事就是大事,这个原则是清楚了,但到底哪些事情真正决定了兴衰存亡,却未必是最

---

[1] 章学诚:《文史通义·原道上》,上海古籍出版社,2008年版,第36—37页。
[2] 《史记·太史公自序》。
[3] 《礼记·大传》:"圣人南面而治天下,必自人道始矣。立权度量,考文章,改正朔,易服色,殊徽号,异器械,别衣服,此其所得与民变革者也。其不可得变革者则有矣:亲亲也,尊尊也,长长也,男女有别,此其不可得与民变革者也。"
[4] 见《史记·留侯世家》。

为显眼的事件。建国立法、制度革命和生死之战固然是关乎大义之事，但并不能忽视那些相对缓慢的变化，渐变有可能蕴含力道更为深远的变化。马克思和布罗代尔等就认为经济、技术和社会生活的渐变是更深刻的大事，尤其以"长时段"尺度去考察的话。以《春秋》和《史记》为范本的中国史学传统更早意识到了长时段尺度的意义，司马迁的"通古今之变"原则就是长时段原则的最好表述。最具深远影响的大事往往事后很久才被意识到，于是人们在事后不断修改历史解释，甚至在数百年后又给出颠覆性的全新解释，以至于永无定论，古史常新。布罗代尔是对的，大事不是喧嚣一时的新闻，不是纷纷争鸣的一时论战，真正的大事可能是不显眼而意味深长的变迁，特别是制度和技术的演化。对此，我相信还必须加上思想方法论和概念系统的演化。终究是大义定义了什么是大事，而不是相反。孔子对此有着清楚意识，于微渐变化看出隐含之深远后果。孔子认为季氏八佾舞于庭"是可忍孰不可忍也"[1]，此种违规逾矩虽非轰动之举，却预示了礼崩乐坏之势。孔子"春秋"之法，就是以大义定大事之法。

历史大事莫过于古今之变。因此，"古"与"今"的概念正是理解历史变迁的第三组坐标。与"过去—现在—未来"三分概念的心理时态不同，"古—今"的二分

---

[1] 见《论语·八佾》。

概念表达的是历史时态，是对历史性的划分，却不是对时间性的划分。尽管未来尚未到场而落在古今之外，却是解释古今概念的画外音，是古今的全部意义所在。如果没有未来，"今"就是终止符，而"古"也随着历史的终结而失去意义。与生命同理，精神世界之生死也在于是否能够不断生长和延伸。比如说，一种完全无法解读的古代文字的意义就是被封存的死意义，是遗物，却不再是可资利用的遗产。

未来尚未存在，因此未来不是一个知识对象，可未来又是一个不得不思考的问题，因此是一个形而上问题。墨子说过："谋而不得则以往知来，以见知隐。"[1] 墨子这个原则在变化缓慢的古代有较大的成功率，但并非普遍有效。即使在经验相对稳定的古代，以往知来也并不必然可靠，因此，在经验失灵之时，就必须有所创作，重新开启未来的可能路径。墨子的"以往知来"只说出了未来问题的一半，另一半是"以作开来"。"作"使存在进入变在状态，使均匀时序（chronos）变成起伏时刻（kairos），于是时间变成了历史。"今"的意象是木铎，是王者通知新法告别旧法之号令，所以"今"虽是此时，其意义却在未来。能够称为"今"的创制必定意味着一种存在秩序的开始，由此可见，"今"是蕴含未来性的历史时态，宣告了未来提前在场而具有当代性

---

[1] 见《墨子·非攻中》。

（contemporariness），使时间超出了当下状态的现时（the present）。"古与今"都是根据"作"而定义的历史时态，分别指称过去完成时的历史创制和现在进行时的历史创制，因此与自然时态之间存在着时间错位。如果一种现行的生活没有发生存在秩序的改变，没有新"作"，那么，即使在时间时态上属于现在时，在历史时态上也仍然属于"古"；如果一个制度或精神结构一直不变，即使属于很久之前的创制，也一直具有"今"的当代性。以古今概念去定义历史时态，则可见一段自然时间可以很长而其历史很短，或相反，一段自然时间很短而其历史很长。

　　古今之别，要义在于存在秩序的改变，表现为广义的"革命"概念，既包括政治革命和制度革命，也包括文化革命和技术革命等，通常最受关注的是制度革命。就中国制度之古今而言，可以说有过三次制度革命：商周之变，周秦之变，现代中国之变。古今分野的历史意识可能源于"汤武革命"的历史经验，但成为历史分析模式则归功于司马迁，他意识到了"通古今"的意义链。司马迁所反思的"古今"主要是周秦之变，这次古今之变不只是改朝换代，更是制度革命，意味着历史时态的变更，远不止是斗转星移。司马迁似乎没有看到商周之变也是一次制度革命的古今之变，因为按照汉朝人的理解，自黄帝尧舜汤武直到秦始皇之前的政治社会制度一直都属于天下王道制度，所以都归为先秦之"古"。汉朝人的这个理解并不准确，但无伤大雅。以三代为代表的王道政治有可能是自黄帝至先秦的共同理想，但天下制度，包括封建诸侯和制度化礼乐，却是西周的创制。在周朝之前，尧舜夏商都只是万国盟约体系，尚未建立制度化的天下体系。[1]秦始皇废诸侯封建，建立郡县一统，这个大一统制度是创造历史之作，力度堪比周公之作，相对于"古"的历史时态，秦开创了"今"的历史时态。假如单以制度变迁论古今，那么，秦朝之后的两千多年一直都属于秦汉制度之"今"。秦汉之"今"终结于清末而变成了"古"。现代中国之"今"却一直尚未定型而仍然处于建构中，即所谓现代性。然而，中国的现代性尚未完成，全球化运动又将现代中国深深卷入全世界共享的全球性之"今"，于是今天的中国同时身处重叠的两种"今"的历史时态。除了现代性和全球性的双时态，今天还面临着比制度革命更深刻的技术革命，人工智能、基因编辑和量子物理等，这是可能导致"存在之变"的存在论革命，是被预告的未来时态，如此便同时身处三个"今"历史时态。此乃自古未有之事，此中有着最复杂的命运，在此不论。

就社会状态而言，古今一切变化又呈现为治与乱的

---

[1] 详细论证可参见王国维：《殷商制度论》，见《观堂集林》卷十，河北教育出版社，2001年版；或参见赵汀阳：《天下的当代性》第一章，中信出版社，2016年版。

循环转换，因此，"治与乱"是与"古与今"并列的另一组历史分析概念，用来分析社会的有序度。《孟子·滕文公下》篇中说："天下之生久矣，一治一乱。"《六韬·盈虚》也说："天下熙熙，一盈一虚，一治一乱。"盈虚是物质财富水平，治乱则是秩序指标。这个假托姜太公的观点指出了治乱与盈虚有着高度相关性。在古代社会，秩序与物质充裕几乎必然相关，罕见脱节的情况，但奇怪的是，今天的发达社会似乎正在走向一种由观念失序所导致的社会失序，可见治乱盈虚之间未必永远相关。无论如何，治乱循环仍然是尚无反例的变化模式。

治与乱分析模型的理论优势在于，社会、国家或文化的有序度是历史评估最为有效的普遍标准，因为有序度能够客观评估，有着明确的经验标准。乱世意味着精神体系、制度以及社会策略的失败，所以失序；治世意味着精神体系、制度以及社会策略的成功，所以有序。更准确地说，"治"就是一个社会达到了利于经济和开展丰富生活的稳定均衡，所谓安居乐业，治的状态使得人们愿意接受现成的游戏规则而没有破坏它的积极性；"乱"则是相反的情况，经济失衡，社会失序，人人都乐意破坏规则，因为只有破坏规则才能够获利。无论治或乱，都可以有经济指标、文化丰富度、犯罪率、规则有效性、社会满意度等可测量指标的证明，而且治与乱的评估标准很少受到价值观的干扰。

"治"未必就是最优状态，却是社会合作和社会改进的必要条件。"治乱"模式试图说明的是"什么是有效的秩序"而不是"什么是应该的",或者说,试图说明的是"什么是祸福的社会条件"而不是去解释"什么是最好的理想社会"。对于生活来说,什么是祸福,这个问题能够清楚界定。人类的痛苦、匮乏、灾难、冲突、压抑、奴役等不幸都有忍受程度的阈限,因此人类在什么是不堪忍受的事情上有着共识;至于什么是理想的社会,却是个无边界的问题,人们总能够幻想更好的东西,而且在好事情的理解上也缺乏共识。因此,以测量苦难程度为基础的治乱模型是一个具有普遍有效性的历史分析模式。

历史的意义链和问题链就在变易生生、作与述、古与今、治与乱定义的历史时空中形成不断延伸的分叉路径。历史学家根据各自所发现的不同意义链和问题链叙述了不同的历史故事,因此我们阅读到的历史呈现为重叠的多维时空,虽然只有一个世界,却有多种历史叙事,于是世界在历史中变成复数。意义链和问题链蕴含无限延伸能力,从而使生活世界具有内在的无限性,于是,形而上的无限性不再是一个远在天边的超验问号,而变成了近在眼前的生活内部问题。

既然形而下的历史获得了形而上的无限性,那么,何种存在是历史无限性的见证者?何种言说能够表达历史的无限性?历史无限性的见证者必定在整个历史中始终在场,能够满足如此条件的见证者显然不是人。在一般意义上说,上天见证了一切事物,但上天在人间之外,并未亲历人间的历史，于是，针对历史而言，历史的亲身证人通常设定为在人间内部的"青山"，所以青山与青史相对。青山虽然位于人间，存在方式却属于自然，可以说，青山站在社会和自然的界线上，正因为青山的跨界存在，所以成为历史的理想证人。在形而上的意义上，青山必与流水合体，才足以隐喻不变与万变之道，因此，"山水"代表了历史无限性的形而上尺度。

可是天地不言，山水也不言，只有人能够言说历史，因此又需要有人为青山代言。能够为青山代言之人必须理解山水的形而上尺度，同时又能够理解俗世的历史之道，这样的人必须是生活在俗世中的超越之人，因此不可能是入世的帝王将相、商贾官宦和学者谋士，也不是出世的隐士神仙，只能是既离社会很近也离自然很近的"渔樵"。渔樵是山水之友，心境与青山相似，生活在超验和经验两界的分界线上，既理解山水的形而上尺度，又看得见历史的事迹，因此渔樵能够成为山水的代言人。那么，渔樵如何言说历史？何以表达历史的无限性？在分析渔樵意象之前，先要对渔樵依据的山水意象加以分析。

山水是大地中的超越之地

山水以形媚道。(宗炳《画山水序》)

可经验的超越性

历史之道是超越的,历史却不是超越的。

兴亡盛衰、成败荣辱、恩义情仇,或平常,或曲折,或无聊,或悲壮,俗世之事是历史分析和解释的对象。研究事情的历史与研究事物的科学各有所得,由自然的性质、构成因素和运动方式所定义的事物之理可以推演出科学规律,事物之理与科学规律是一致的,然而,历史的事情之理却推不出历史之道,就是说,人的欲望、目的和行为方式所定义的事情之理与历史之道并不一致,因此,历史之道不可能还原为事情之理。人做事自有做此事之理,但此理是实现欲望或目的之理,各人之理互相冲突[1],于是,每

---

[1] 博弈论显示,每个人做事都有符合自己欲望的策略选择,可是所合成的策略组合却经常导致每个人事与愿违。

种事情之理就在冲突中消散于无法控制的无数可能性之中。历史说不完自身，因为历史总是由未来说明的。

历史中的每件事情都有一个力图实现的目的，等于说，每件事情都谋求一个完事的终结，所以，对于一件事情，目的和终结是同一的。可是，历史却没有一个目的或终结，因为历史并不是历史中的一件事情，而是超越于历史中的万事之上，所以历史之道与历史中的事理并不一致。黑格尔式的历史终结论把历史看成了一件事情，所以相信历史像一件事情那样也有一个目的或终结。可问题是，历史之所以是历史，就在于历史由无法预定的复数可能性所组成，否则历史就与逻辑无异了。历史的历史性就在于无法封闭的未来性，不可能化归为一个封闭的概念。既然不存在一种必然的方法能够将无数可能性收敛为一种必然性，历史就不可能被定义为一个事情。只要无法必然地控制未来，就没有一种历史会必然地符合一个目的。对于历史，目的和终结不是同一的概念。当一种文明死亡，其历史就终结了，但这种终结并不意味着实现了这个文明的目的。显然，历史之道超越了任何一种事情之理，漠视任何目的和恩怨，自行其是，以至于被认为是天意，如老子《道德经》所言"天地不仁"。

尽管历史性的秘密永远在于未来性，历史不可能化归为普遍必然的知识，但人们仍然试图破解历史之道的秘密，因为历史之道是决定一种文明生死存亡的存在论之道，事关一种文明何以生长、何以继续存在，所以不可能不关心。既然历史之道不是自然规律，人就不可能拥有关于历史的普遍必然知识，然而，历史之道是天道与人道的交汇之道，交汇点就是启示点，交汇的时刻就是透露秘密的时刻。但能够透露的历史之道不可能是如何创造未来的因果关系，即如果做a就必定获得b的必然之理，也就是人们最渴望知道的所谓"成功之道"。假如上天可以透露预定未来之理，那么人类就无须劳心费力进行反思了。由此可推知，上天能够透露的历史之道至多只是关于做事"限度"的秘密，即如果做某事而突破了生长的限度，就必定自我挫败甚至自取灭亡，就是说，上天透露的至多是"失败之道"。这意味着，如果破解了上天的示意，人就有可能拒绝某种未来，但仍然不能挑选某种未来。哲学所能够破解的最大秘密无非是某种不可僭越的限度。发现限度的典范是《周易》和维特根斯坦，《周易》发现了"不可做"的界限，维特根斯坦则发现了"不可说"的界限。

历史之道正是六经以及老子和孔子诸贤所寻求之道。"六经皆史"的本意固然是经史一体，但还另有一层意义，即六经所求之道正是历史之道。六经言道不离人事，说的是，历史之道虽有超越性，却不是外在性。无论外在的超越性如何至高至上，既然没有落实在人事之中，其秘密就不是人所能破解的，这类似于唯名论所论证的：人无法猜测上帝的意志。人对外在超越性的猜测是无效的，因为任何一种猜测都无法被证明是答案——没有经验上的灵验证明就等于没有答案。因此，与人有关的天道必须落实在人间内部，同时，人间必须有与之相配的经验形式让超越的天道能够落地显形。经验定义了生活世界，因此，能够有效解释生活的方法论也只能以经验形式为准。按照古人的说法，必须以"象"来显示道。"象"不是抽象概念而具有可经验的超越性，天道正是通过"象"的显形带来了启示性的消息。

历史的复杂性源于人事的复杂性，而人事的复杂性在于人性的复杂性。人性有别于一般生物性的独特之处在于：人性是自相矛盾的，内含自我否定的因素。人性自相矛盾的后果是，人性有可能"顺其自然地"否定人性，比如以实际行动否定心中道德，或者做坏事同时非常内疚。人可以高尚、无私和公正，也可以伪装、欺骗和背叛，还可以承诺加上后悔，种种自相矛盾都使生活世界变得十分复杂。最严重的是，自相矛盾的人性蕴含着一个众人互相否定的循环：每个人的欲望常常是对他人欲望的否定，因此，每个人在否定他人时也必定被他人所否定。如果每个人都在互相否定中被否定，那么人本身就在所有人的循环否定中被否定了，人就无道可行，人道将因此消失。因此，历史的要紧问题不是弘扬人性，而在于建立人义。

孔子有言："人能弘道，非道弘人。"（《论语·卫灵公》）这个命题过于简练，以至于各家解读智仁歧见。[1]孔子洞悉人性之长短，因此指出，人可以顺天发力，但天道却未必顺人之意。人性天然自私，如果充分发挥人性，就必然弘扬了包含自私之心在内的人性，因此须以人义去治理人性，按照孔子的建议则是以"礼"治理人性。在人义约束下的人性才是人道，其中既以自然人性为底本，又加以精神意志，化天道为人道。这应该是孔子的真正意思。虽然孔子在《论语》中没有解释"人能弘道，非道弘人"这个命题，但儒家门人的《礼运》篇为孔子补上了相关论证："何谓人情？喜、怒、哀、惧、爱、恶、欲，七者弗学而能。何谓人义？父慈、子孝、兄良、弟弟、夫义、妇听、长惠、幼顺、君仁、臣忠，十者谓之人义。讲信修睦，谓之人利，争夺相杀，谓之人患。故圣人之所以治人七情，修十义，讲信修睦，尚辞让，去争夺，舍礼何以治之？饮食男女，人之大欲存焉；死亡贫苦，人之大恶存焉。故欲恶者，心之大端也。人藏其心，不可测度也。美恶皆在其心，不见其色

---

[1] 杨伯峻将"人能弘道，非道弘人"翻译为"人能够把道廓大，不是用道来廓大人"(《论语译注》，中华书局，1980年版，第168页)。钱穆也翻译为"人能弘大道，道不能弘大人"(《论语新解》，生活·读书·新知三联书店，2002年版，第417页)。这两种翻译几乎是重复原话，等于没有翻译。李泽厚翻译为"人弘扬真理，不是真理弘扬人"(《论语今读》，安徽文艺出版社，1998年版，第372页)，这个解释有些脱离古意，道不等于真理；李零翻译为"道是人追求的目标，不是帮助人出名的"(《丧家狗：我读论语》，山西人民出版社，2007年版，第279页)，这个翻译虽然有趣但恐怕不合原意，孔子不可能把道的形而上问题和人如何出名的世俗问题联系在一起。

也，欲一以穷之，舍礼何以哉？"由《礼运》可知，"人能弘道，非道弘人"的合理解读应该是：人能发挥天道，但天道却不在于发挥人性。

孔子的首功在于发现了仁是每个人成为人的关键条件。仁不能归于天然有善意的自然情感（孟子的理解有所偏差），而是一个人立意成为人的意志，所谓"我欲仁，斯仁至矣"。因此，仁以人情为自然基础，却以精神意志为其所归。仁意味着在任何人之间可以循环对应运用的有效意志，即施于他人的行为也可以施于自己，而且这种行为是双方都乐意接受的。通常认为孔子的仁有两条原则，即"己所不欲勿施于人"和"己欲立而立人，己欲达而达人"。不过，第一条原则并不充分，因为"己所不欲"的事情有可能正是他人所急需，甚至是救命所需，或者是他人虽死不弃的信念，因此这条原则存在着以己为准的单边主义漏洞。[1] 参考孔子的第二条原则，第一条原则的改进版应该是"人所不欲勿施于人"[2]，这样就更充分地定义了可循环的意志。总之，仁是人之为人的一般意志，这种可循环的意志建构了互尊为人的关系，也就是人道。

可问题是，历史并非按照人道展开的。人可以宁愿不仁，无论在理论上还是实践上，孔子和后世儒家都一直无法解决"人而不仁"的实际困难。这并非儒家之独

---

[1] 例如秦始皇反对儒家，儒家典籍是其"所不欲"，因此烧掉而"勿施于人"，这显然非正义。
[2] 赵汀阳：《道德金规则的最佳可能方案》，《中国社会科学》，2005年第3期。

家短处，事实上迄今为止尚无哪种制度能够解决人而不仁的问题。假如人皆欲仁，人类就进入了"从此过上幸福生活"的后历史童话世界，历史就终结于完美社会。事实上历史总在争权夺利中无穷展开，但假如没有仁者智者试图在"不仁"的生活世界中创造光荣与梦想，建立文明和秩序，争权夺利的游戏就会一直处于前历史的自然状态，也同样没有历史。事实上，既有仁也有不仁的复杂人性才产生了历史。

在礼崩乐坏的社会里，知其不可为而为之的仁者和智者如果不去"浮于海"，就只能在"乐山乐水"中去体会山的坚定意志和水的应变自如了。孔子心目中的仁者和智者可以被看作形而上化的山水的最早发现者，他们意识到山水具有在地而不远人的超越性，因此山水被他们当作道的形象。道的超越性并不来自神界，因此道并不属于异处世界而就存在于此处世界中。作为道的显形意象，山水确实坐落在世界里，是人间世界的一个内部存在，与具有"在地超越性"的山水相对应的是熙熙攘攘的社会和流年似水的历史。仁者智者借得山水的尺度以观历史，因此能够平静理解人世。山水的尺度象征天地之无限与不朽，因而人能够借之度量历史之道。

正是以历史为本的精神世界使思想的目光自天落到了地，于是，不仅一切实践问题必须在地上解决，而且一切精神问题也必须在地上解决。地与天同属于自然，大地的自然本体同样具有超越性。人既然居于大地，就对大地有着使用权，于是大地成为俗世之争的博弈场所，在承载社会和历史的同时也俗化了自然，大地的超越性在不断退缩。俗世之争所产生的不确定性、随机性和偶然性导致了意义消散的萎缩性经验，时间也萎缩为没有伸展度的一次性现时瞬间，除了快乐或痛苦在报告着"现时"，其他时间逐渐变成蛮荒。这种萎缩性的经验的每一个瞬间虽然都在证明生存，但同时也是意义的消散。任何意义都基于在时间中的延伸性，只有既存在于过去又能够存在于未来的事情才能够承载意义，这是意义的时间秘密。因此，超越时间流逝的超越性正是意义的保票，即一种"所过者化，所存者神"[1]的永在性。

圣人立法立教，试图在社会中建立能够永保意义的超越性，但圣人的努力终究无法改变熙来攘往的社会性质。利益关系断然拒绝了超越性，所以，社会所到之处，超越性就隐退，然而，与社会相依而在的文明却需要超越性来建构文明的连续性和可信性，其中就存在着社会与文明之间的张力。既然在社会空间中难寻超越性，于是就只能转向去寻找在大地上却在社会之外的超越场所，即尚未被社会化而仍然保有其天然超越性的幸存自然。在自然的概念里，上天永远保持"道法自然"的状态，具有人无法支配的无限性，因此含有道的全部信息。虽然上天具备超越性的全部含义，但"天道远"，非人所

---

[1] 见《孟子·尽心上》。

及，而且上天的超越信息是关于一切存在的一般普遍含义，并非专门面向人，因此，上天是个绝对概念，神圣而远人。人需要近人的超越意象，即位于人间大地上的超越性显形，在那里，人可以造访居留而有机会见道。

在大地上何处是未被社会覆盖的自然？大地的超越性又留存在哪里？——山水就是大地超越性的最后保留地。孔子早就选中了山水而有"乐山乐水"之论，甚至，《易经》之象更早暗喻了山水的超越性。可是，孔子还说过"浮于海"，海洋显然更具未被驯服的自然性，但海洋没有被当作一个更好的选择，因为大海不是可居之地，不是生息场所，也是远人之处，虽有超越性，却对社会和文明都没有直接的说明。这里关于海洋的理解属于中国传统，未必是普遍的理解。比如说，对于地中海沿岸的人来说，海洋或许有不同的意义，但仍然不如大地那么富有意义，正如布罗代尔所说的："辽阔的海域同撒哈拉沙漠一样空旷无人，大海只在沿海一带才有生气。航行几乎总是紧贴海岸进行……小心翼翼地摸着海边过海。"[1] 相比之下，只有山水既是超越的，又在社会生活的近处，所以山水是人能够借得超越角度去观察历史的最优选项。山水也因此被识别为形而上之道的显形，具有可经验的超越性，因而暗喻面对社会和历史变迁的不动

---

[1] 布罗代尔：《地中海与菲利普二世时代的地中海世界》第一卷，唐家龙、曾培耿等译，商务印书馆，2016年版，第142页。

心见证者和旁观者,也就是以道的无限尺度纵览万事百世的观察者,在这个意义上,山水在中国历史中成为了历史之道的观察坐标,也成为以历史为本的精神世界的一个超越视野标识。

天地不言,又何以获得道的信息?孔子提示说:"天何言哉?四时行焉,百物生焉。"[1]与天地同理同体的山水也不言,而以山水之"象"传达了历史之道。传说远古圣人设卦观象[2],通常具体地归为伏羲所为[3],于是发现了能够显示形而上之道的"象"。人只能存在于经验中,如果形而上之道不能表现为有形之象,不能化为可经验的超越性,就被封闭于无形无迹的绝对概念里,虽然就在那里,却不在人这里,因此,能够与人的经验相通因而与人的存在相会的超越性必定是可经验的超越性,即由有形的"象"所转达的超越性。

传说渔樵是山水之友,识得山水之象,于是渔樵被看作山水的代言人。

山水与邻近意象的相关性

山水的意象有许多邻近概念,或掩盖了山水的本义,

---

[1] 见《论语·阳货》。
[2] 见《周易·系辞上》。
[3] 见《周易·系辞下》。

或与山水相呼应。

今天所称的"风景"就是一个掩盖了山水意象的概念。山水自有自然景色,但不是被商业、旅游或艺术概念所定义的"风景"。山水的风景化是现代语境的产物,当自然被技术和商业所去魅,山水才会被混淆于风景的概念。当山水被理解为风景,山水就消失了,取而代之的风景是可以出售的商品,成为所谓旅游景点或者风景画以及摄影的对象。当现代人把山水处理为一个游乐园或休闲消费美景的处所,此时的山水就已经完全不同于渔樵与之为伴的山水。

风景不等于自然景象,而是一个现代发明的概念。每日生活在自然美景中的居民可能从未意识到那是一片值得入画的"风景",如米什莱所描述的:"那些河流、山脉和宏伟的风景,他们日复一日地经过那里,但在那一天,他们却发现:他们过去从未看过它们。"[1]风景并非山水的原生事实,而是风景意识投射于山水的产物。风景意识把一个有景色的空间看作一个有独立意义的美学对象而不是作为人的生活背景,按照米切尔的分析,那是一种典型的现代意识,可以追溯到"第一个现代人"彼特拉克,"他是第一个出于对大山的兴趣而去爬山的人,并在山顶享受了美景"。[2]不过,风景发展成为一种流行的现代意识主要

---

[1] 转引自米切尔:《风景与权力》,杨丽、万信琼译,译林出版社,2014年版,第11页。
[2] 同上书,第12页。

应该归于欧洲风景画的兴起和流行,通常认为风景画兴起于17世纪,盛行于18—19世纪。在成为一个独立分类的风景画兴起之前,景色通常只是以宗教和历史为题材的人物画中的装饰性背景,尚无所谓属于风景自身的"如画美"(picturesque)价值。即使在风景画成为独立的画种之初,其地位仍然低下,类似装饰画,而那时的宗教和历史题材依然占据类似史诗的至尊地位。后来,欧洲风景画才终于成为现代时尚而定义了风景的概念。具有现代性的风景画表达了现代的自然主义经验和个人主义价值观:美景的经验是每个人的权利。

风景被当作商业化景点来经营之后,"如画美"就成为了风景的标准化价值,"这个词是一枚值钱的硬币,在旅游界流通,它意味着'像画一样',表明每种景色从题材和构图方面来看都可以满足某种图画性的描述"。[1]"如画美"的概念强迫自然向绘画看齐,画中风景反而成了自然景色的理想型,从中可以看出柏拉图的精神遗产,即事物的理念高于实际事物。这种理想主义传统总是希望现实尽量逼近完美而恒定的理想概念。但这个理论有个致命的疑问:理想概念在哪里呢?人永远可以幻想"更理想的"概念,于是,永远无法确定的理想就在实际上无以存在了。尽管这个"理想悖论"似乎无解,但理

---

[1] 安德鲁斯:《寻找如画美:英国的风景美学与旅游,1760—1800》,张箭飞、韦照周译,译林出版社,2014年版,第1页。

想概念已经成为一个固化的诱惑。为了创造符合理想的风景，欧洲人一度试图通过特效的观察技术来把自然景色转变为"如画美"的风景。流行于18—19世纪的克劳德镜（Claude glass）最为有趣，它具有可调节功能，可以将反映在镜子里的景色加以变形和变色，可以改变一天或一个季节的时间色调，使"未加驯服的"自然景色变成"我们想要的"风景，比如说，把午后景色变成月下景色，把平庸的中午景色变成辉煌的黎明景色，甚至变成迷人的雪景，因为人有"艺术特许权"把自然景色变成"更理想的"风景。[1]这种人定胜天的美学观有个可疑之处，它几乎是以知识论的逻辑去理解自然，以至于审美对象在实质上更像是一个知识对象，就是说，它把为自然立法的知识论逻辑滥用到美学对象上。有一种说法，英文中的风景landscape一词来自荷兰词汇landschap，最早指称的是荷兰防洪工程的伟大人工景观，本来就有驯服自然的意味[2]，后来虽然泛指人们选中的景观，其人定胜天的深层意义尚在。

以理想去驯服自然景色的风景概念与代表自然之道的山水概念，是面对自然的两个完全不同的取向，其中有着分歧的意图。山水意象不需要完美概念，尤其不是

---

[1] 安德鲁斯：《寻找如画美：英国的风景美学与旅游，1760—1800》，张箭飞、韦照周译，译林出版社，2014年版，第94—99页。
[2] 西蒙·沙玛：《风景与记忆》，胡淑陈、冯樨译，译林出版社，2013年版，第8页。

一个知识对象,不是一个必须接受主观思想改造的客体,而是一个自含精神性的理论主体。在隐喻的意义上说,山水不是被人看的,而是在看人。如果说风景是被人观看的对象,那么山水则是旁观人事变迁的观察者。既然山水被识别为一个代表超越性的意象,就不是一个可以驯服的对象,而是人需要求助的思想方法论。无论几度夕阳红都依旧在的山水代表着形而上之道,因此意味着以不动心的态度去浏览历史流变中的一切动心故事。

在中国古典文本中,山水是个意义浓密的意象,有着许多意义触角。尤其在人文地理类的概念里,山水有着若干"友词"。山水与山川、山河与河山,特别是江山之间有着或深或浅或远或近的意义关联,这些关联性形成了山水意象的意义增值。其中,"山川"的意义直白,指的是自然地貌。山水在地理学意义上当然属于山川,但山水另有山川所无的深层精神含义;"山河"与"河山"含义相近,应该是同义词,表面上是地理词汇,实为政治概念,即一个文明所辖地域或一个政治共同体因其传统而在的应许之地。萧驰认为,在中国语境里,山河指称"华夏族的广袤生存空间和悠久历史"。[1]这是明了的解读。山水当然也属于山河,但联系着不同的心情。在儒家心情里,山河或河山近似于家国概念。"四十年来家

---

[1] 萧驰:《诗与它的山河:中古山水美感的生长》,生活·读书·新知三联书店,2018年版,第390页。

国,三千里地山河"(李煜《破阵子》);在道家心情里,山水则是道的形象。"山水以形媚道。"(宗炳:《画山水序》)可以说,山河或河山的意义是政治性的,山水的意义在于形而上,而两者的意义交集于历史概念之中,形成分层叠合的含义:山河是历史的发生地,山水则是历史的见证者。相比起来,"江山"的含义最为复杂,介于山河与山水之间,又兼有两者,半为家国的概念,半为历史证人之意象。一方面,江山的家国心情与山河的家国信念互相交融;另一面,江山的历史感与山水的历史观互相呼应,有情的历史故事和无情的历史之道转折接合,因此,江山牵动了最为丰富的经验,使得"如画"江山总有一种画外的壮怀或感伤。"万里江山知何处?"(张元干《贺新郎》)"布被秋宵梦觉,眼前万里江山。"(辛弃疾《清平乐》)

江山的有情历史感使之经常成为怀古对象。江山经历过波澜壮阔的英雄功业或悲剧,兴衰成败最终消于无形,只留下江山胜迹提示着历史线索,因此,江山处处具有巫鸿所称的无纪念碑的"纪念碑性"。[1]江山自然就成为怀古诗的根据地,成为人们思古的倾诉对象,特别是,对辉煌一时而又如水逝去的往事,或感叹,或感伤,或凭吊,或追思,或惋惜,或鸣不平,或借古喻今,或

---

[1] 参见巫鸿:《中国古代艺术与建筑中的纪念碑性》,上海人民出版社,2009年版;《废墟的故事》,上海人民出版社,2012年版。

评论忠奸，可谓"怀古一何深"（陶渊明《和郭主簿》）。怀古诗最为典型地透露了系于江山的情感化历史感：

> 前不见古人，后不见来者。
> 念天地之悠悠，独怆然而涕下。（陈子昂《登幽州台歌》）
> 黄鹤一去不复返，白云千载空悠悠。（崔颢《黄鹤楼》）
> 人事有代谢，往来成古今……
> 羊公碑尚在，读罢泪沾襟。（孟浩然《与诸子登岘山》）
> 千古江山，英雄无觅。（辛弃疾《永遇乐·京口北固亭怀古》）
> 虎踞龙蟠何处是？只有兴亡满目。（辛弃疾《念奴娇·登建康赏心亭》）
> 大江东去，浪淘尽，千古风流人物……
> 江山如画，一时多少豪杰。（苏轼《念奴娇·赤壁怀古》）
> 六代豪华，春去也，更无消息……
> 到如今，只有蒋山青，秦淮碧。（萨都剌《满江红·金陵怀古》）

如此等等，堪称江山怀古的标准模式。

毛泽东另有别具一格的怀古词：

往事越千年，魏武挥鞭，东临碣石有遗篇。

萧瑟秋风今又是，换了人间。(《浪淘沙·北戴河》)

或

江山如此多娇，引无数英雄竞折腰。

惜秦皇汉武，略输文采；

唐宗宋祖，稍逊风骚；

一代天骄，成吉思汗，只识弯弓射大雕。

俱往矣，数风流人物，还看今朝。(《沁园春·雪》)

其中却是以今为胜的历史感，虽有怀古的形式，却意不在怀古，而在于旧貌换新颜的现代心情。无论"怀古"还是"向今"的历史感，一样壮怀激烈，正因江山是共同历史和集体经验所附体的存在。

与江山的情感化历史感不同，以山水的形而上历史观去看待历史，却是一种静观其变的态度和沧桑为道的维度。山水被看作道的化身，恰如宗炳所言，"山水以形媚道"，于是，以山水的尺度去观察历史就相当于以道的尺度去看待历史，即以万变而不变之法去观察世事之变化万端，在其中，超验的无限性似乎化为一种经验，虽无法定义却隐隐可感。人们反复重温那些兴亡成败的故事，每每怆然涕下，那些历史故事已经铸成了怀古的稳定情感结构，所以江山意味着一个永不退场的历史情感概念，远远不止是一个地理或政治的存在。当历史感引进了道的尺度，即山水的尺度，历史感就转化为历史观，意气难平的历史感消失在心平气和的历史观之中，怀古的心情也就转化为论古的理性。

与怀古诗中入情入景的历史感有所不同，山水诗的历史感却有一种抽象化的意味，似乎疏远甚至遗忘了社会，更接近自然的时间感。可以说，当山水面向历史，就产生了历史感，而当山水面向自身，就显示出时间感。山水诗所显示的正是山水面向自身的时刻，因而山水诗绕过了历史而与形而上的时间共鸣。诗与形而上之道之间似乎有着一种亲和力。比如海德格尔相信，只有真正的诗在言说存在。山水诗在可感的空间性中埋伏下若隐若现的时间感，从而使不可见的时间在空间的动感中显现出来，因此开启了一个纯粹的经验维度，以其纯粹无邪的时间感来唱和五味杂陈的历史感。曹操的《观沧海》或为最早的山水诗之一：

> 东临碣石，以观沧海。
> 水何澹澹，山岛竦峙。
> 树木丛生，百草丰茂。
> 秋风萧瑟，洪波涌起。

> 日月之行，若出其中；
> 星汉灿烂，若出其里。
> 幸甚至哉，歌以咏志。

其以日月为度的时空感覆盖了征服之旅的历史感，而隐身画外的历史感为其时空感增加了不予言说的重量。又如杜甫《登高》有句："无边落木萧萧下，不尽长江滚滚来"，也以万物流变的时间感吞并了限于时世的历史感，时间经验更为绵长，而吞下了沉重历史的时间，由于载重，流失变得缓慢，于是意识似乎追上了时间与之同在。

试图越过令人不安的历史感而追寻纯粹时间感的山水诗之兴盛，可能与魏晋南北朝的乱世状态有关。长期且频繁的乱世使人在无序变迁中失去了对历史的稳定信任感，于是，穿透历史变迁便发现了没有随着历史一起消失的时间本身。虽然时间不断流逝，但时间无限量，无论如何流逝，时间永远充沛，永远在场，一分不少。一般认为，虽然存在着少量先于谢灵运的山水诗，但山水诗的成形应该归功于谢灵运，如萧驰所言，谢灵运的创作拉开了山水诗的"主幕"，但之前有着山水诗的"序幕"。[1] 萧驰认为，最早的山水诗甚至可以追溯到战国时期宋玉的《高唐赋》，但《高唐赋》是那个时代山水诗的孤例而被忽视。[2]《高

---

[1] 萧驰：《诗与它的山河：中古山水美感的生长》，第46页。
[2] 同上书，第24页。

唐赋》中确有在先秦时期绝无仅有的山水描写，不过其用意在于神话而不在山水本身，山水景象只是神话的气氛，因此，是否属于山水诗仍在两可之说。至少可以肯定，在山水诗兴盛于南北朝之前，山水作为一种无限时空的意象早已成形。山水意象一经成为自觉意识，就有着一种普遍的精神传染力。无独有偶，与山水诗类似，在南北朝开始兴起的山水画也同样专注于形而上的时间感，而历史感也同样隐身在山水背后。时间感和历史感正是形而上之道在不同维度中传达的两层消息，两者相辅相成。时间感使历史感具有更辽远的向度，反过来，历史感为时间感留下生活的迹象和线索。怀古诗与山水诗也有着呼应效果，分别从在世和世外的角度显示了人所能够经验的超越力量：消亡或不朽，或者，消亡而不朽。

尽管隐于历史背后的时间有着超越万物的无限性，与道同在而无法把握，但历史却总是在迫使时间现身，使其无限性呈现为一种在场的思想尺度。这是一种以有限蕴含无限，或者说，无限附体于有限的特别经验。无限时间附体在有限历史上，就像自然数，实际可及的数目是有限的，却附带着永远有着下一个数的无限性。在这个意义上说，有限的历史是无限时间的现身时刻。无限性在有限性中的运作，就称之为道。

道无偏颇，与时间同在，而运行于历史万事之中，结构化的社会却以空间来打断时间，试图让时间服从空间而使历史永驻，但必定徒劳，历史总是以其变迁来服从时间。山水的意象借得道的时间尺度，暗示着一种尽收一切变化的历史观。在道的时间里，古往今来的一切事情都同时在场，每个时间点上的事情在道的时间里可以同时被观察到，就是说，在道的时间里可以同时看到过去、现在和未来，于是，一时一地的故事就只是历史之道的一处路标。历史事迹与历史之道虽然从不离间，但历史事迹与历史之道之间也存在着有限性与无限性之间的张力，在此，山水的理性历史观与情感化的历史感就拉开了反思的距离。以山水尺度去观察历史，就意味着借助反思性的距离，让问题焦点越过变迁的得失恩怨而落在历史之道之上。历史之道表明了历史中的任何一种事物是否能够继续存在的方法论，却从不偏袒历史博弈中的任何一方，所谓"皇天无亲"（《尚书·蔡仲之命》），"天地不仁"（《老子》），"不为尧存，不为桀亡"（《荀子·天论》）。历史之道既为时间之附体，其沧桑尺度近乎形而上的时间，而其人间维度又关心形而下的人事，因此，历史之道所显示的正是形而上和形而下的交汇界线，与站在世间与世外界线上的山水恰好一致，所以，山水之象贴切地暗喻着历史之道。

从根源上说，山水的形而上意象大概可追踪到《周易》以及孔子的思想发明。在更早的时代里，只有作为一般形而上意识对象的天地概念，尚未有山水如此具体的形而上意象。远古时期，与茫茫大地未加区分的大片山水属于有待开发的野地，单纯是生计资源，尚未被识别为有别于俗世的超越之地，因为那时的社会规模很小，人还不具备胜天的能力。即使到了《诗经》的时代，《诗经》中对山水的歌颂仍然是资源性的，多是关于山水之间是否盛产可供食用的野果野菜走兽游鱼之类，如"终南何有？有条有梅"（《秦风·终南》）；"陟彼南山，言采其蕨。陟彼南山，言采其薇"（《召南·草虫》）；"猗与漆沮，潜有多鱼。有鳣有鲔，鲦鲿鰋鲤"（《周颂·潜》），如此等等，罕有涉及山水精神性之言。据现有文献，《周易》的卦象开始赋予山水以形而上的原始意象。《周易》虽始于西周版本，但最终成书于战国，如以成书而论，则晚于孔子和老子。不过原始八卦意象的产生则可能早至新石器时代，传为伏羲所作[1]，当代史学一般认为，八卦实际上应该来源于先民占卜或天文测量之类试图"知天"的努力。可以肯定的是，八卦是试图用来表达天地之间的事物及其一切关系的基本意象，是范畴性的"象"，它不是抽象概念，而是抽象意象。"象"既是经验的，又是抽象的，与概念具有同等的抽象概括功能，同时保留了与事物具体形象的直接关系，大致与汉字的具象性有关，因此既能够概括事物的普遍性，又与具体事物不隔不离。

《周易·说卦》曰："坎者水也，……万物之所归也。艮，……万物之所成终而所成始也"；又曰："动万物者，

---

[1] 见《周易·系辞下》。

莫疾乎雷；桡万物者，莫疾乎风；燥万物者，莫熯乎火；说万物者，莫说乎泽；润万物者，莫润乎水；终万物始万物者，莫盛乎艮。故水火相逮，雷风不相悖，山泽通气，然后能变化，既成万物也。"在这里，山水意象似乎涉及三个卦，包括代表水的坎卦、代表山的艮卦和代表泽的兑卦。但是，坎卦之水代表的是一般意义的水，或概括性的水，主要是雨水的意象，代表了水的总来源，因此是与火相配的象。另外，坎卦和艮卦皆为阳卦，如果此二者结合，则不符合山水阴阳合体的意象。由此可见，山水的形而上意象应该是由代表山的艮卦和代表泽的兑卦所组成，一阴一阳，二者配合即所谓"山泽通气"，因此符合道的象征结构，正所谓"一阴一阳之谓道"（《周易·系辞上》）。山水合体意味着山中有水或山下有水，阴阳配合便有生机，于是又有两个相关卦象，咸卦和损卦。咸卦表示"山上有泽"，"柔上而刚下，二气感应以相与"而"天地感而万物化生"，那么，"观其所感而天地万物之情可见矣"，得此道的人就虚怀若谷，善于待人。[1]损卦表示"山下有泽"，暗示"损刚益柔有时，损益盈虚，与时偕行"，得此道的人就不怒不贪，平视万事。[2]

春秋时，思想家开始以山水暗喻一种精神或思想的方法论。孔子所谓"知者乐水，仁者乐山；知者动，仁

---

[1] 见《周易·下经·卦三十一》。
[2] 见《周易·下经·卦四十一》。

者静"成为了经典表述。[1]其中,水为事理:万事皆在如水一般的变化之中,所以水暗喻变化之事理;山为义理:青山万世不移,所以暗喻应万变而不变之根据。朱熹的解释最为明了:"知者达于事理而周流无滞,有似于水,故乐水;仁者安于义理而厚重不迁,有似于山,故乐山。"[2]水的方法论着眼流动性,因而知者得以通过变动不居的方法理解事物,所以不惑;而山的方法论则建立在一种不移不拔的义理之上,于是使仁者不忧。[3]老子最重视水的方法论,所谓"上善若水"[4],其意与孔子相呼应。但老子似乎不如孔子那样重视山的意象,水的意象在《道德经》中贯穿始终,而唯有"善建者不拔"一句提示了一种略似山之不移的坚固性。[5]老子研究的是万物存在的动态道理以及人事动态博弈问题,因而见水不见山;孔子侧重于研究文明如何在万变之中安身立命的道理,所以见水也见山。就山水概念而言,山与水必为一体,兼有变化与不变之理,正与《易经》的方法论相合,因而山水意象在内在结构中具有《易经》原则的反差性:阴阳、动静、刚柔、变化与不变,在外向结构上与相对的事物形成隐喻性的呼应:不停的流水对应不居的世事,

---

[1] 见《论语·雍也》。
[2] 见《四书集注·论语集注》。
[3] 见《论语·子罕》。
[4] 见《道德经》第八章。
[5] 见《道德经》第五十四章。

不移之青山对应永志之青史。

对于存在，为什么万变必须与不变合为一体？就形而上的道理来看，如果只有绝对流变，就等于无物存在而只有过程，或者说，存在状态只是能量运动而无成形之物。可是绝对流变的时空不能解释人的生活世界，经验必须有可以检索的稳定意义，如果意义无物可依，无处驻留，就无法解释生活；另一方面，如果只有不变，虽永恒而无时间，更无历史，无影无迹，虽在犹死，同样不能解释人的生活世界。万变与不变的一体化隐含着与时间有关的秘密，而时间是生死的秘密：生而有死者存在于时间中，因此是实在而不是概念，也就有其终结；永恒存在永远自身同一，永无变化，也就不在时间中，超越了时间的永恒仅仅是概念而非实在，永恒即缺席，永在等于永死，也可以说，绝对存在是超时间的，超越了生死概念，也就无生无死。尽管绝对存在是一个在逻辑上可以理解的形而上学概念，类似于"无穷大"这种数学式的存在，但只是逻辑可能性，没有实在性，如果将其作为一个存在论的概念，就缺乏在场的力量。存在必须有事才有迹可循，不能是毫无消息的空无，而超时间、无变化的存在没有任何事迹，也就无法显示或证明自身的存在。因此，有现实性的不朽存在只剩下一种可能性：它并非绝对永恒，也不能超越时间，并非绝对不朽，而只是在时间中近乎不朽，那么，就只能是万变与不变之合体，称之为道。老子早已讲明，道不能被定义。至今也确实无法定义,但并不缺少启示性的解释。根据《周易》的提示,道运行于时间的所有可能性之中,那么,人可以通过一切可能性的"共可能性"(compossibility。借用莱布尼兹的概念)来理解道。

对于人来说,唯有万变而不变的有限永在才是经验、生活和文明的意义根据。"有限永在"这个在逻辑上自相矛盾的概念在经验上却是自身兼容的,它意味着,在人的经验中,有些事物始终贯穿着连续存在的经验,所以显得是永在的,即具有生生不息功能的存在,比如说连续存在的历史和思想。当然,在形而上学的绝对意义上,没有一个事物是永在的,因为任何一个事物在时间上是有限的,在当代物理学看来,甚至时间也是有限的。"有限永在"只是一种属于精神世界的存在方式,是一种可经验的超越性。

以山水而论,作为蕴含变化与不变之道的意象,山水总是一体而且必须一体:有水的山才是有灵的山,才是有生气的山,而有山的水才有曲折变化,才是有故事的水。如《林泉高致》所言:"山以水为血脉,以草木为毛发,以烟云为神彩,故山得水而活,得草木而华,得烟云而秀媚。水以山为面,以亭榭为眉目,以渔钓为精神,故水得山而媚,得亭榭而明快,得渔钓而旷落"。[1]

---

[1] 郭熙、郭思:《林泉高致》,见俞剑华:《中国画论类编》,人民美术出版社,2016年版,第638页。

正因为有水的青山是活的，所以能够见证承载无数经验和故事的青史。山水只是历史观的坐标，并不言说历史，以山水的历史观所理解的历史要留给渔樵去言说。作为山水之友，渔樵与山水有着同构之心。

山水与社会的距离

自西周确立了以历史为本的精神世界，春秋战国和两汉进入了历史思维最为蓬勃的时代，那时中国已历经了商周之变和周秦之变两次深刻的制度革命，以及从巫术、祭祀、礼乐到百家争鸣、礼崩乐坏、经学兴起等多次文化变迁，还经历了周礼、秦律、汉法多种立法纲纪，中国的历史路线在丰富的历史经验中已经基本确定，而《周易》《尚书》《春秋》和《史记》又确定了史学范式，因此以历史为本的精神世界成为一切事情的思想依据，也成为生活的基准。然而，在汉朝的长期稳定过后，三国魏晋南北朝经历了长时期的乱世与失序、社会结构的破坏与重组、各族的逐鹿战争与兴亡成败，历史传统不再可信，社会变成险地，生活充满不确定性，人们在精神上变成了流浪者。于是，依旧不受变迁打扰的山水便成为在乱世中仍然承载可信经验和恒定价值的保留地，维持着一处超越俗世和变迁之空间，因此被识别为"世外"的世界。与此同时，与社会欲望和纷争拉开了距离的山水诗与山水画也随之兴起，为山水的形而上意象增添了如诗如画的经验性,于是山水成为了蕴含形而上无限性而人人可感的形象,实现了形而上之道的形而下化,同时也实现了经验的形而上化。

一旦山水与社会分开来而成为大地内部的超越之地,大地就因为空间的划分而具有了人文的丰富性和对照性,同时穿插着两种价值维度,逐鹿逐利的社会是英雄与奸雄的博弈空间,而在其外具有超越性的山水则属于异人,包括学者、僧侣、隐士、渔樵和艺术家。英雄在有为之地有所"作",非英雄在无为之地有所"述",各有所得。不过,山水并非与社会隔绝,相反,山水就在社会的近旁,看得见社会,也因此看得见历史。社会与历史实为一体之两面:在空间中展开的历史是社会,在时间中展开的社会是历史,或者说,横看历史为社会,竖看社会为历史。

虽然山水以其形而上的意象申明了自身是大地中社会之外的超越之地,但实际上并非凡是山水皆为社会之外的超越之地,其中的差异需要分辨。有一种社会化的山水空间叫"江湖"。在许多时候,"江湖"被识别为一个反社会或反体制的空间,好似社会之反面,其实江湖是官方体制外的另一种社会体制,即民间自发形成的社会体制。所谓"体制外"的错觉只不过是因为江湖是在官方管制之外的社会。江湖通常以各种帮会为枢纽,以多层次的外围私交而形成广泛的私密网络,现代俗称"社会关系"。江湖体制的极端表现是"黑社会",即使是温和的江湖体制,也是隐含黑社会基因的"暗社会"。黑

〔北宋〕范宽 溪山行旅图 轴
绢本设色 纵206.3厘米 横103.3厘米
台北故宫博物院藏

〔北宋〕郭熙 早春图 轴
绢本设色 纵158.3厘米 横108.1厘米
台北故宫博物院藏

〔南宋〕李唐　万壑松风图　轴
绢本设色　纵187.5厘米　横138厘米
台北故宫博物院藏

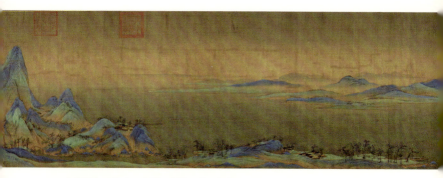

〔北宋〕王希孟　千里江山图　卷　局部
绢本设色　纵51.5厘米　横1191.5厘米
故宫博物院藏

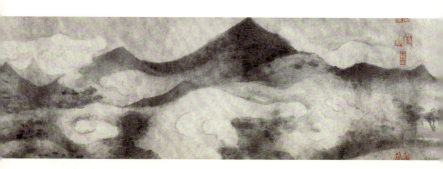

〔南宋〕米友仁　湘奇观图　卷　局部
纸本水墨　纵19.8厘米　横289.5厘米
故宫博物院藏

〔金〕武元直　赤壁图　卷
纸本水墨　纵50.8厘米　横136.4厘米
台北故宫博物院藏

〔明〕仇英 桃源图 卷 局部
纸本设色 纵33厘米 横472厘米
美国波士顿美术博物馆藏

社会并非不正常社会，而是社会之一种常见模式。江湖保留着原始性的社会体制，虽然有了初步的游戏规则，但其游戏规则尚未达到稳定可信的博弈均衡，只是不稳定也无法信任的语境化均衡。就其社会性而言，江湖是个凶险社会，所谓江湖险恶。

与险恶江湖完全相反，还有一种在国家管制之外却风平浪静的社会，其典型是陶渊明想象的桃花源。桃花源是个世外之地，岁月静好，好山好水，却同样并非超越之地。桃花源不是只存在于概念里的乌托邦，尽管桃花源未必真的存在，但它被描写为一个具有"现实品质"的具体化存在，至少活生生地存在于文学描述之中，而不是一个存在于理论里的概念，因此，桃花源在品质上相当于真实存在。桃花源中人虽不知秦汉魏晋，历史对于桃花源人失去意义，但桃花源仍然是一个世俗社会。按照陶渊明的描述，桃花源所在隐秘，无缘者不得而入，甚至，即使是有缘的发现者，也没有机会再次进入。就其明喻来说，这意味着，即使有缘分，缘分也只有一次。缘分的不可重复性已经声明了隐秘之地拒绝回归社会而具有自在的外在性。有缘访问不等于可以经常来访，更不能移居，所谓桃源虽好非久留之地，送客就不再见了，有缘的渔父终究也是外人，不属于桃源社会，也不能加入桃源社会，所以再度寻访注定无果："春来遍是桃花水，不辨仙源何处寻"（王维《桃源行》）。

这里存在着两个社会的隔阂，一个是万众争利的大社会，另一个是隐居同乐的小社会，不相往来，不可通达，永远相忘。桃花源规模虽小，却是个五脏俱全的完整社会，因此，桃花源只是一个时代错位的俗世，它躲避了复杂社会的历史变迁问题，只是不断自身复制，没有变化，因而失去了历史性。这样一个自在的社会，不再属于历史，它从历史中掉落出去，既然没有变化，也就没有需要去反思的问题。失去了历史性的静态桃花源，之所以不能再次进入，是因为既然没有变化，就不会有新内容，对于无历史的社会，一次性的访问就是一个已经结束的故事。渔人不能重复寻见桃花源，其深层的暗喻是：无历史的桃花源已经是其自身存在的最后答案，是否能够重复进入便毫无分别。对山水了如指掌的渔樵如果一定要找到那个被遗忘的入口，并非在知识能力上不能，而是在价值上不能。以渔樵的历史观来衡量，一个无历史的隐居社会，是一个与历史形成反比的时间标本，深掩在拒绝访问的山水之中，与渔樵所处的能够纵观历史变迁的山水分属两个不同的空间概念，而渔樵不需要那个无历史的空间。对于渔樵而言，山水与社会的关系并非不可沟通的对立，而是必要的对照，于对照中才得见历史之道。

与渔樵的理解有所不同，文人的山水概念有个波动的意义网，或远或近，或悲或喜，或激昂或颓丧，五味尽在其中。山水可以转换为山川、山林、山河或江山，视其语境用意而定。渔樵的山水总是平静悠长的，不会被激情打扰，更接近形而上之道，几乎与时间同节奏，最能够分享司马迁的"通古今之变"的视野。而文人笔下的山水感觉却复杂多变，宽时胸怀家国天下，眼中万里江山；远时心通天地造化，笔下雄奇山川；或自觉曲高和寡，声里高山流水；或爱上层楼凭栏，心中落花流水，每每登临胜迹有泪如倾，常常浪迹江湖无事自醉。如此多样的山水心情，皆可与渔樵一席话。一般而言，文人的山水概念是遁世之地的隐喻，是不仕之地，也是免俗之地，总之是与社会纷扰对立的清净场所，可以是逍遥的山水江湖，也可以是摆脱红尘的寺庙古刹，或地处遥远的神山仙岛，或是告别了历史的桃花源。所有这一切关于超越之地的想象所蕴含的关键词是"自在"。

山林式的自在，可以理解为自由之一种，但与政治或道德意义上的自由无关，既不是落实为个人权利的消极自由，即免于被强制；也不是试图实现为集体权力的积极自由，即实现集体得解放的使命；也不是以意志为自己建立普遍之法的自律自由，而是在自然状态下却幸得和平的自由状态，大约相当于身无拘心无束的状态，随性不随理，只有意愿，并无意志，这种与自然合一的自在状态的根本性质是任性而为。作为自主的自由特别受到文人的推崇，竹林七贤被认为是这种类型的范例。与自在状态相配，免于管辖的山水之间就成了历代文人想象的得以任性之地。

但是竹林式的山水想象并没有为山水建立一个形而上的意义坐标，而是一个与天下苍生命运无关的归隐场所，在其中并没有超越个人意气而创造共同经验的能量。将归隐与市井加以对立，则未通达超越之道。如卢梭所言，"枷锁"无处不在，在社会里确实难得自由。但如果为了摆脱一切枷锁而获得自由，就只能将自由概念收缩为自我的私人自由，可是，将精神收缩为自我的代价是自我的贫乏。一己之我并无太多内容，只有当精神能以万物为尺度才拥有无限性，才能够达到形而上的自由，而自我的眼界甚至小于夜郎，从未超越，也没有能力超越，即使自我进行"内在超越"（一个可疑的概念），终究还是受制于自我之井的蛙眼尺寸。无限性是超越性或形而上的唯一身份证，以万物尺度代替自我尺度，才是进入无限性的通行证。竹林式的山水及其自由悬隔了社会，反而失去了精神的丰富资源和历史的深远尺度，终究无所超越。

如果无忘社会，那么山水与社会的距离到底有多远？这要看是"远人山水"还是"近人山水"。远人山水属于远离社会而人迹罕至的荒野山水；近人山水是可游可居之地，更有生计功能。就作为形而上之道的显形而言，远人山水与近人山水并无二致，同样具有无限性的尺度，但是远人山水因其人迹罕至而没有见识过历史，在其当地没有发生过兴亡盛衰的故事，因此，远人山水缺乏历史的精神维度，或者说，远人山水的历史尚未开始，只是时间中的一个存在，是一个无历史的空间。布罗代尔在谈到欧洲的山时也说："山通常是远离文明的世界，而文明又是城市和低地的产物。山没有自己的文明史，它几乎始终处于缓慢传播中的巨大文明潮流之外。在横的方向，那些潮流能扩展到很远的地方，但在纵的方向，面对一道数百米高的障碍，就无能为力了。"[1]前历史或无历史的远人山水因为缺乏历史性而容易被赋予宗教性的品格，通常被想象为属于神仙、真人和野兽的地方，甚至连渔樵都未曾到达，所谓"渔樵不到处，麋鹿自成群"（杜荀鹤：《游茅山》）。

最为典型的远人山水是绝对蛮荒之地，也可以理解为纯粹之地，比如神山，不见人间烟火，甚至少见野兽出没，与历史性全然无关而与时间同在，虽是自然存在，但在功能上相当于一个纯粹概念。对神山的科学描述，比如说，高8000米，山顶终年积雪，有冰川若干，等等，都与神山的形而上意义毫不相干，同样，对神山的艺术描述也与神山的神圣性毫无关系，神山的意义不可能被精美的摄影所表达，也不可能被任何绘画所表达，更不可能被登山家所理解。就其本意而言，神山定然拒绝任何人的访问和描绘，它是任何具象描绘都没有能力表达的一个绝对概念，而对神山的攀登则是现代人征服自然的心志表达，是以人的意志把神山世俗化为主观对象的努力，如此种种，都不是对神圣性的敬意。神山的意义在于它的绝对客观性和绝对外在性，意味着一个不可进入的绝对概念。神山自

---

[1] 布罗代尔：《地中海与菲利普二世时代的地中海世界》第一卷，唐家龙、曾培耿等译，商务印书馆，2016年版，第31页。

身绝对寂静，无声无息，听不见过路的疾风呼啸，自在自足，不告诉人任何消息，因此，神山对历史毫无兴趣，对俗务毫无兴趣，对兴衰荣辱毫无兴趣，尤其对人毫无兴趣。神的意义归神，人的意义归人。

近人山水也是人迹稀少的地方，却可居可游，那是渔樵出没之处，也是旁观社会之地，渔樵就往来于山水与社会之间。近人山水两面通达，达于道又通于俗，是看得见历史的山水，因此分享了历史性的品格。近人山水虽也是超越之地，却具有区别于自在超越性的涉世超越性。在自在的超越性概念里没有历史观，显示的是时间本身，因此属于天道；涉世的超越性概念则面向社会变迁，显示的是历史性，属于人道。近人山水也就是渔樵的山水概念，也是最具思想性的山水概念，它是形而上之道与形而下的历史的结合处，那里正是产生思想问题的关口。形而上之道就其本身而言不是问题，也从未提出问题。形而上之道的运行只是"道法自然"[1]，所以无须提出问题。另一方面，形而下之事就其本身而言是生存之事，虽内含严重问题，却无法自我反思，因为形而下的事情在尺度上与自身等大，没有大于或高于自身的反思尺度，因此不足以反思自身所蕴含的问题，所以，

---

[1] 道始终处于不停留的运行，因此是 the way going as it goes，而不能表达为静态的 being as it is。道的"动态形而上学"因此有别于研究纯粹存在（being qua being）的"静态形而上学"。

只有借助形而上之道,才能够对形而下之事进行反思。形而上和形而下的互通接口就在山水概念,所以山水成为了形而上通达形而下的交接隐喻。

在山水概念的范围内,除了真实的远人山水和近人山水,还需要提起另外两类"超现实的山水",或有原型,或为想象,都不是真山水,而是概念化山水。其中一种是传说中的神仙乐园,主要属于道教的文学想象,广为民间大众所接受。根据干春松的概述,神仙所居的山水包括有三十六天、三岛十洲、十大洞天、三十六小洞天、七十二福地之类,其中以昆仑山和三神山最为著名。[1]那些洞天福地的名称虽然过半有其现实的对应实地,但其文学化描述的情形却未必如实,而以虚构情景为主,只是借用实地之名。比如最为显赫的昆仑山,实为象征性的存在,与现实之昆仑山名实不符,不可混为一谈。[2]神仙的山水既为想象之地,神仙的生活也是想象的世外生活,不受人事干扰,通常也不去干涉人事,神仙们自得其乐。神仙的山水世界虽是超现实的,却无超越的品质,竟然也是一个社会。根据传说,神仙的超现实生活有着与俗世相类的政治秩序,神仙们属于一个与人间结构相似的等级体系,也有不同级别和不同待遇,可见,

---

[1] 干春松:《神仙传》,社会科学文献出版社,1998年版,第115—133页。
[2] 古代所谓昆仑山,其传说中的实地也不是现代命名的位于新疆的昆仑山,而非常可能是青海的某个大山,至于是青海的哪一座大山,各有说法,很难确证。

神仙生活虽然超现实，却同样世俗。神仙有别于世人主要有两点：神通广大和长生不老。可是神通广大和长生不老的用处却主要在于永享世俗之乐，无非在歌舞盛宴的娱乐活动中虚度长生。几乎所有俗世之乐都倒映为神仙生活，可见神仙世界只是另一种世俗存在，与超越性毫无关系。

人在想象另一个世界时，其实很难超越俗世思路，毕竟俗世是人唯一见过的生活，自然就成为想象的样本。如果缺少榜样，想象难免空洞，因为生活是过出来的，而不是想象出来的。假如非要设想一个真正超越的世界，恐怕只有两种理论上的可能性：其一，只有一个唯一神，别无同类神或派生神灵。不知道有没有哪种宗教是如此设定的，但现实的一神教，比如说基督教，也没有达到如此纯粹的设想，除了上帝，还有多级别的天使，仍然不脱俗世格式；其二，存在着多个神，而且众神都拥有无限能力，因而在地位上完全平等也完全互相独立。这可能是最不现实的一种宗教可能性。只有以上这两种"反社会条件"才能彻底杜绝社会性，其他任何设想都不可避免成为一个社会，必定存在着等级制、权力和利益分配、冲突和竞争甚至羡慕嫉妒恨之类凡心俗事。在这个意义上说，人类似乎还没有过一个绝对纯粹的宗教。

山水画，也包括诗词，则创造了另一种超现实的概念化山水。山水画里的超现实山水通过错综有序的无限空间性去体现形而上之道,王维对山水之错综空间所论最为典型:"肇自然之性,成造化之功。或咫尺之图,写千里之景。东西南北,宛尔目前;春夏秋冬,生于笔下。初铺水际,忌为浮泛之山;次布路歧,莫作连绵之道。主峰最宜高耸,客山须是奔趋。回抱处僧舍可安,水陆边人家可置。村庄著数树以成林,枝须抱体;山崖合一水而瀑泻,泉不乱流。渡口只宜寂寂,人行须是疏疏。泛舟楫之桥梁,且宜高耸;著渔人之钓艇,低乃无妨。悬崖险峻之间,好安怪木;峭壁巉岩之处,莫可通途。远岫与云容交接,遥天共水色交光。山钩锁处,沿流最出其中;路接危时,栈道可安于此。平地楼台,偏宜高柳人家;名山寺观,雅称奇杉衬楼阁。远景烟笼,深岩云锁。酒旗则当路高悬,客帆宜遇水低挂。远山须要低排,近树惟宜拔迸。"[1]正是通过此种概念化的空间安排,山水画隐约地便有一种形而上的意味。不过,山水画只是超越了现实山水,这种视觉图像上的超越性仍然缺乏充分的超越能量。只有当被超越的对象越有分量,其超越性才越有更大的能量,这类似于,被征服的对象越强大,这种征服就越有分量。山水画只是超越了现实山水,其超越性的思想分量就显然不及对历史的超越。历史包含了人类的全部经验,因而是人间最有分量的事情。如

---

[1] 王维:《山水诀》。见俞剑华:《中国画论类编》,人民美术出版社,2016年版,第592页。

果青山不与青史对照，山水就失去反思的深度，而流于无历史的寄情美学。

无论是神仙山水还是艺术山水，都试图以超现实的方式去逼近超越性，但超现实性并不是通达超越性的有效路径。超现实性终究不等于超越性，两者之间虽数步之遥，却相隔鸿沟。问题就在于，如上所言，超现实性回避了历史，因而缺乏沧桑感和反思性。如果不能面对沧桑并且超越沧桑，所得就并非超越，只是隔世而已。神仙山水和艺术山水都缺少跨越形而上到形而下的大尺度，因此难以建构一个兼通形而上和形而下的山水意象。作为形而上之道的意象，任何想象的山水都比不上真山水，真山水无须隔世，其存在本身强硬地显示了道的超越性。

山水以其自然身份而拥有无穷时间，因此能够以其不朽的尺度去旁观即生即灭的人事。王朝兴衰，世家成败，人才更替，财富聚散，红颜白发，功名得失，以青山度之，皆瞬间之事，所以青山依旧在，浪花淘尽英雄。历史为变在，山水为永在，两者于对照之中尽显道的无限性和丰富性。无论是生活还是文明，其意义始终内在于世间的劳作、责任、艰辛和苦难之中，所以，回避了劳作、责任、艰辛和苦难的出世状态就屏蔽了生活和文明的意义，反而无从返本归真。道显现于历史的世间万事之中，并不在内心直观或顿悟中，只有通达历史的心灵才有能力将一切经验归道为一。所谓超越，是对全部经验的超越，如果没有理解所有经验，就无可超越。历史等于所有经验，因此，如果屏蔽了历史，就等于删除了一切经验和意义，空空如也的境界未曾归于道，无处可归而已。所以，史前青山无所超越，反历史的青山无所超越，出世的青山也无所超越。青山必须见识青史，见证青史，才被青史确认为道的代表。青史与青山的对照，其意正在于互证。

历史中的每件事情都关乎欲望、情感和意志，所以历史的当事人都有情地看待历史之事，而山水却置身事外，是借得道的尺度的超越参照系，山水历史观因此具有辽远的时间深度和广大的空间包容性，其时间深度意味着目光十分深远而致近乎无情，因此，山水的历史观"不仁"地见证一切变化沧桑；同时，其空间包容性又意味着兼收并蓄的有情，山水历史观不为皇家服务，也不为个人服务，不为任何意识形态服务，只是以道的尺度去容纳历史的无限可能性，所以说，山水意象是形而上之道的形而下化，同时又是历史经验的形而上化，于是，山水历史观以道透视历史，同时以历史显现道，这就是青山与青史的对照互证结构。

我们已知，渔樵是山水的有缘人，所以为山水代言，而山水就化身为渔樵的主体性。如今青山依旧在，坚如磐石，青史也在，不绝于文，可是山水在现代已经被社会收编为景观，山水之间也再无渔樵之类异人。不过，渔樵已经转化为一个概念，存在于以历史为本的精神世界中，从中我们能够寻到它所代表着的一种历史观，或一种历史的方法论。渔樵的历史观和方法论就是概念上的山水。

渔樵为何论古话不休？

两个不识字渔樵士大夫，他两个笑加加的谈今论古。

（胡祗遹《沉醉东风》）

渔樵何人？

山水与历史的对照性意味着道与事的互相解释和互为索引。既然渔樵既知山水又知俗世，在自然与社会两界的临界线上跨界生活的渔樵就最有理由成为山水历史观的代言人，由此可以说，渔樵是代表山水历史观的历史学家，这是渔樵的理论身份。可是，渔樵的生活身份又是什么？作为生活中人，渔樵是何种人？渔樵从何时开始被赋予这样一种理论身份？又以何种方式讨论历史？

首先渔樵是体力劳动者，以渔猎柴薪为生。李泽厚老师就是在生计的意义上把渔樵识别为农民。[1]可是，能够代表着一种思想观念的渔樵是什么样的劳动者？既然渔樵被认定有足够的眼界谈古论今，并且与其他"劳

---

[1] 李泽厚：《美的历程》，文物出版社，1981年版，第168页。

动人民"区分出来，这就令人疑心渔樵是否另有隐秘身份，或许原本并非渔樵，只是出于某种原因而隐身为渔樵，就像姜太公。渔樵是否真的另有个隐秘身份，其实我们无从判断，就可信历史材料而言几乎无考。但从逻辑上看，身为高人的渔樵，其来源至少有两种可能性：其一，悟道高人选择做了与山水为友而于晚霞或风雨中论古的渔樵，原本或为文人，或为士大夫，或为侠客，任何身份皆有可能；其二，渔樵本来就是劳动者，闲时读经，或不读经，或因见多识广而悟道。以上两种身份来源虽然风格有异而殊途同归，最终都落实为渔樵的形象。胡祗遹唱道："月底花间酒壶，水边林下茅庐。避虎狼，盟鸥鹭，是个识字的渔夫。蓑笠纶竿钓今古，一任他斜风细雨。渔得鱼心满愿足，樵得樵眼笑眉舒。一个罢了钓竿，一个收了斤斧。林泉下偶然相遇，是两个不识字渔樵士大夫，他两个笑加加的谈今论古。"（《沉醉东风》）

渔樵虽远离名利场而若隐若现于山林江湖，然而其思维方式恐怕不及庄子想象的真人那样纯粹，能力上更不如呼风唤雨的神仙那样高超，他们也有别于功成身退远离险地的范蠡、张良，也不是腹有韬略隐居待沽的诸葛亮、谢安，不是放浪形骸心随身便的竹林一派，更不是啸聚山林、劫富济自己的盗寇之流，渔樵终究只是以山水之资为生计的劳动者。久经风雨人事的"劳动者"而对自然和人生都"有着丰富经验的人"，这是渔樵的两个生活身份。

然而，这样的生活身份尚不足以支撑作为理论概念的"渔樵"，有资格代表山水历史观的渔樵显然应该还有别的品性。渔樵尽知俗事，所务也是俗事，却通常被理解为不俗之人。渔樵身居复杂的生活空间，有着自然和人事的双重阅历，有着百科全书般的生活知识和技能，出没于山林沟壑江河湖泊，熟知飞禽走兽鱼虾虫蛇之性，通晓气候气象风云雷电之变，见识过正人君子、饱学之士、诗人画家、失意文人、贬职官员、败军之将、落魄英雄、正邪侠客、僧侣隐士和得道高人，更加了解贩夫走卒、车船店家、医生郎中、风水先生、商贾财主、土匪恶霸、流氓无赖以及江湖骗子。但如果仅仅见多识广，还是不足以成为理论概念上的渔樵。因此，渔樵在精神品质上还必须具有异于常人的一种反差结构，即兼有俗世经验的最大化与利益相关度的最小化的反差性。这样的反差意识决定了渔樵成为社会和历史的绝对旁观者，也是不惑的旁观者。这是成为最优反思者的关键条件，它决定了渔樵熟知世事利益而不动心，因此能够以山水为道而言说历史。以道为心、以山水为友而超越世事之惑，才能够成为符合概念的渔樵，即身为渔樵，心也渔樵。身心一致的渔樵，思想对象唯有历史，思想标准纯化为道。这是渔樵的精神世界。

拥有渔樵形象的人未必都是真渔樵。历史上最有名的渔父，也是记载中有名有姓的最早渔父是姜太公吕望，然而姜太公的生活身份并非真渔父。姜太公留下了众所周知的"愿者上钩"典故，以直钩钓鱼云云。姜太公钓鱼的有趣细节应该是后世民间传说演绎出来的，尽管姜太公渭川垂钓似乎确有其事。出土的西周甲骨文有"渭渔"二字[1]，记载的是周王渭水钓鱼之事，但并不能因此就肯定是周王遇见姜太公的故事。或可如此分析：古人惜字如金，值得记载的钓鱼故事一定不是平常事，由此来看，"渭渔"涉及周王遇太公之事的可能性就比较大。另外，一些比较早的文献如《吕氏春秋》《史记》《六韬》《列仙传》《说苑》《水经注》等，都记载了姜太公钓鱼遇周文王而成为国师，可见姜太公钓鱼早就是个流传了很久的故事。姜太公是军事天才，有志于功名大业，并非漠视俗世的纯渔父。传说姜太公本来钓鱼技术甚差，有个"异人"（或为真渔父）教会了他如何钓鱼，终于钓上大鲤鱼，鱼腹中赫然有书曰："吕望封于齐"。[2]这虽然属于神怪之说，但姜太公故意扮作渔父钓鱼，意在与周文王相遇，却多半为真，所谓"欲定一世而无其主，闻文王贤，故钓于渭以观之"[3]，"以渔钓奸周西伯"。[4]更重要的是，这个故事说明了，早在商周时期，甚至更早，

---

[1] 参见《六韬》，徐玉清、王国民注释版的前言。中州古籍出版社，2008年版。
[2] 见《史记·齐太公世家》。
[3] 见《吕氏春秋·首时》。
[4] 见《史记·齐太公世家》。

渔父就已经具有"不是常人"的形象隐喻，所以姜太公才会选择以渔父面目出现在文王面前。在生产力低下的自然经济时代，渔猎乃生活常事，因此渔樵并非特殊小众，应该处处可见，那么，渔樵形象为什么会有不俗的含义？渔樵何以有别于普通人？为什么渔樵会被认为具有得道的智慧？这个问题且留与后话。

姜太公遇文王的故事，伪托姜太公作品之《六韬》所言最有意味。文王要出猎，太史占卜预知，文王将遇到国师，"天遣汝师，以之佐昌"。于是文王"田于渭阳，卒见太公，坐茅以渔"。之后就有了智慧问答。文王问："子乐渔也？"太公曰："臣闻君子乐得其志，小人乐得其事。今吾渔甚有似也，殆非乐之也。"文王又问："何谓其有似也？"太公曰："……夫钓以求得也，其情深，可以观大矣。……夫鱼食其饵，乃牵于缗；人食其禄，乃服于君。故以饵取鱼，鱼可杀；以禄取人，人可竭；以家取国，国可拔；以国取天下，天下可毕。"文王曰："树敛若何而天下归之？"太公回答："天下非一人之天下，乃天下之天下也。同天下之利者，则得天下；擅天下之利者，则失天下。天有时，地有财，能与人共之者，仁也。仁之所在，天下归之。免人之死，解人之难，救人之患，济人之急者，德也。德之所在，天下归之。与人同忧、同乐、同好、同恶者，义也；义之所在，天下赴之。凡人恶死而乐生，好德而归利，能生利者，道也。

道之所在，天下归之。"[1]听到如此高论，文王便立姜太公为师。就此可见，姜太公钓鱼是为了寻找成就大业的机会，钓鱼实为"钓王"。但姜太公立志高尚，所谋者乃是救天下万民以成万世功名。李白有诗赞曰："君不见，朝歌屠叟辞棘津，八十西来钓渭滨。宁羞白发照清水，逢时壮气思经纶。"（《梁甫吟》）[2]

可以想象，或有多种精神风格的渔樵。如果把姜太公算作是一种渔父，那么应该属于内圣外王的"儒家渔父"，钓鱼砍柴只是手段，或为生计，或为设计，都无忘治家国平天下。与之相比，"道家渔樵"之意也不在鱼薪，而在于形而上之道，而"山水渔樵"之意也不在鱼薪，而在于以形而上之道纵览形而下的历史沧桑。各有精神倾向，不拘一格。其中以"山水渔樵"最具历史意识，因而最适合论古。

中意山水之间的人不只是渔樵，更有求脱俗的文人或待沽隐士，但区别是，渔樵本就在山水中，无须借山水之净地以求象征性或仪式性的脱俗，而是借得山水尺度寻求对道的超越理解。如果寄情于山水只把山水看作

---

[1] 见《六韬·文韬·文师》。
[2] 传说姜太公曾经以若干种工作谋生，在充当渔父之前是屠夫，故有李白之言。据说姜太公遇文王时有84岁，甚至90岁的说法，都似乎太老，不太可信。姜太公不仅辅佐文王，文王死后接着辅佐武王灭商，封于齐，治国有方，可见在遇见文王之后又活了许多年。但姜太公"白发"见到文王，这一点是可能的。

脱俗之地，这种形式主义的脱俗仍然属于世俗心情。愤世嫉俗或怀才不遇的人在俗地里难以自觉免俗，因此需要在脱俗之地求得助力以挣脱俗世的困扰，这种不能自证的清高姿态还是另一种世俗，只要意难平就意味着仍然以世俗得失作为价值指标，就是尚未忘俗。渔樵不需要清高，也无所谓清高，打鱼砍柴吃饭而已。作为超越之地的山水也无所谓世俗还是脱俗之分，它的位置不在世俗和脱俗的形而下框架里，而在其之上，所以是超越的。超越者不需要脱俗的认证。

《楚辞·渔父》中屈原遇渔父的故事便暗示了脱俗与超越之别。屈原受屈被逐，意气难平，遇到渔父便诉衷情，对渔父声称"举世皆浊我独清，众人皆醉我独醒"，可是渔父却不以为然，认为屈原自以为"独醒"，其实是无法平心静气应对浊世，实为不懂超越之道："圣人不凝滞于物，而能与世推移。"屈原不服，继续谈论自己之清高，渔父"不复与言"，不理他了，"莞尔而笑，鼓枻而去。乃歌曰：沧浪之水清兮，可以濯吾缨；沧浪之水浊兮，可以濯吾足"。屈原的"独清独醒"显然不及渔父之超越。岑参赞曰："扁舟沧浪叟，心与沧浪清。"（《渔父》）阮籍也有句："渔父知世患，乘流泛轻舟。"（《咏怀》第三十二）这里的"世患"包括一切俗世症候，世俗和清高都在其中。清高和世俗虽有高下之分，但都同样未及道。

值得注意的是，《楚辞·渔父》里的渔父故事同样表明，先秦时人们早已把渔父定义为一种具有超越智慧的形象。与此类似，在同时期或稍晚的《庄子·渔父》中，渔父也同样代表了超越之人的形象。这个文本假想了孔子出游遇渔父的故事。渔父嘲笑孔子虽为君子却未及道："仁则仁矣，恐不免其身；苦心劳形以危其真。呜呼，远哉其分于道也！"好学的孔子于是虚心求教，渔父讲了一番大道理："子之所以者，人事也。天子诸侯大夫庶人，此四者自正，治之美也，四者离位而乱莫大焉。官治其职，人忧其事，乃无所陵。故田荒室露，衣食不足，征赋不属，妻妾不和，长少无序，庶人之忧也；能不胜任，官事不治，行不清白，群下荒怠，功美不有，爵禄不持，大夫之忧也；廷无忠臣，国家昏乱，工技不巧，贡职不美，春秋后伦，不顺天子，诸侯之忧也；阴阳不和，寒暑不时，以伤庶物，诸侯暴乱，擅相攘伐，以残民人，礼乐不节，财用穷匮，人伦不饬，百姓淫乱，天子有司之忧也。今子既上无君侯有司之势而下无大臣职事之官，而擅饰礼乐，选人伦，以化齐民，不泰多事乎！且人有八疵，事有四患，不可不察也。非其事而事之，谓之揔；莫之顾而进之，谓之佞；希意道言，谓之谄；不择是非而言，谓之谀；好言人之恶，谓之谗；析交离亲，谓之贼；称誉诈伪以败恶人，谓之慝；不择善否，两容颜适，偷拔其所欲，谓之险。此八疵者，外以乱人，内以伤身，君子不友，明君不臣。所谓四患者，好经大事，变更易常，以挂功名，谓之叨；专知擅事，侵人自用，谓之贪；见过不更，闻谏愈甚，谓之狠；人同于己则可，不同于己，虽善不善，谓之矜。此四患也。能去八疵，无行四患，而始可教已。"

孔子愀然而叹，又问何谓真。渔父接着又讲了一番大道理："真者，精诚之至也。不精不诚，不能动人。故强哭者虽悲不哀，强怒者虽严不威，强亲者虽笑不和。真悲无声而哀，真怒未发而威，真亲未笑而和。真在内者，神动于外，是所以贵真也。其用于人理也，事亲则慈孝，事君则忠贞，饮酒则欢乐，处丧则悲哀。忠贞以功为主，饮酒以乐为主，处丧以哀为主，事亲以适为主。功成之美，无一其迹矣。事亲以适，不论所以矣；饮酒以乐，不选其具矣；处丧以哀，无问其礼矣。礼者，世俗之所为也；真者，所以受于天也，自然不可易也。故圣人法天贵真，不拘于俗。愚者反此。不能法天而恤于人，不知贵真，禄禄而受变于俗，故不足。惜哉，子之蚤湛于人伪而晚闻大道也！"于是孔子拜受。孔门众弟子嫌孔子对渔父的炎炎大言过于敬重，孔子解释说："道者，万物之所由也。庶物失之者死，得之者生。为事逆之则败，顺之则成。故道之所在，圣人尊之。今渔父之于道，可谓有矣，吾敢不敬乎！"

这个文本通常被疑为庄子学派后人所著，渔父所论类似布道，多有大言，但很接近庄子的思想理路，估计仍然属于先秦作品。假如由庄子本人来创作，言论必定有趣得多。《渔父》篇中渔父的论道方式略不似劳动者的风格，似乎是邵雍《渔樵问对》的先声。看起来，这个故事基本上是传说中孔子见老子的故事之衍生版本之一。但重要的是，这个早期文本也同样确认了渔父近乎道的超越之心和智慧。先秦已有如此多的名篇确认了渔父的超越形象，可见早已是古人的普遍想象和定位。

但有一事不明：正如上述故事所表明的，在渔樵的超越者形象中，渔父形象似乎先于樵夫被确认。最知名的樵夫故事"观棋烂柯"已晚至晋朝，而略早于此的樵夫故事似乎属于汉代朱买臣，可是朱买臣的形象却严重缺乏超越性。还有，按照传说，曾子年轻时家贫，需要自己去砍柴。曾子既有智慧又是劳动者，而且时代足够久远，如果曾子真是樵夫，那是上佳形象，可惜曾子砍柴似乎只是家用，并非职业樵夫，古时候，许多人家都需要自己解决柴薪问题。以宽泛标准论之，也似可将曾子归入樵夫概念。[1] 不过，关于曾子砍柴的故事来源却不够古老，似乎来自元代郭居敬的《全相二十四孝诗选集》，俗称《二十四孝图》，言曾子"参尝采薪山中"。曾子砍柴只是"啮指心痛"孝行故事的一个背景情节，而砍柴这个情节非常可能挪用了汉代蔡顺的故事。[2] 与此类

---

[1] 在关于渔樵的讨论会上，吴飞与我分析了曾子身份，我深受教益。
[2] 感谢吴飞指出，曾子砍柴的这个情节很可能来自蔡顺的故事，见于白居易的《白氏六帖》，或因为蔡顺也有个啮指心痛的类似故事，因此后人在更为知名的曾子故事中就挪用了蔡顺故事的砍柴情节，因为关于曾子故事的早期记述如东晋的《葬书》和《搜神记》中尚无砍柴的情节。

似，早期的樵夫形象还有知音者钟子期，就钟子期的知音故事本身而言，那是足够古老，见于《吕氏春秋·孝行览·本味》以及《列子·汤问》，但这两本古籍并未提及樵夫身份。钟子期的樵夫身份应该是后世增添的，明朝冯梦龙在《警世通言》中有一篇《俞伯牙摔琴谢知音》，将钟子期描述为一个樵夫。[1]应该说，曾子和钟子期的樵夫传说只能证明后世对樵夫的超越者概念的认同，尚不足以证明二者的当时身份。

还另有一个知名的樵夫形象，是学习佛法之前的劳动者慧能。觉悟的慧能与原先的樵夫慧能是否在超越性上有着隐秘的关系？不得而知，或许可以说，樵夫慧能原本就蕴含精神的超越性，但也可以说，慧能身为樵夫只是巧合，未必在学得佛法之前就先有精神的超越性，因为佛学的超越性必须在觉悟之后才能获得，而在觉悟之前，只是有着尚未超越的"慧根"而已。[2]一般来说，虽然后世将渔樵并列，但人们似乎往往默认渔父知"道"的深刻程度超过樵夫。这又是为什么？不得而知。如果非要比较，似乎可以说，在自然经验的丰富性上，渔父

---

[1] 同样在讨论会上，李溪与我讨论了钟子期身份，也对我多有启发。
[2] 青年学者郁迪曾来信提出一个很有意义的问题，他说，假定慧能的樵夫身份暗含深意，那么是否意味着佛学对渔樵的形象也有着影响？我想，或有这个可能性，因为佛学对中国思想有着广泛的影响，但还无法肯定佛学对渔樵形象有多少直接的塑造力。渔樵形象有着比佛学更久远的精神渊源，应该说，渔樵形象的精神性主要还是来自《周易》、儒家和道家的资源。

与樵夫应该不相上下，都是久经风雨多见变化之人，但在人事经验方面，渔父大概胜过樵夫，或许怪人异人、文人骚客或落魄官员更喜欢漂泊于江湖，于风雨飘摇中加倍体会自己的失意或才气，所以渔父识人更多些。不过根据传说，樵夫更有机会遇到那些难得一见的仙人真人之类，"相逢处，非仙即道"（吴承恩《西游记·满庭芳·樵夫》），因此樵夫见识异人的经验也未必输与渔父。

无论如何，渔樵并称就已经意味着两者具有相似的超越感。而且，渔樵并称暗示着一种精神结构：渔知水，樵识山，山水合体才是显示万变与不变的完整意象。渔樵对道的理解有多深？邵雍在《渔樵问对》中纵其想象。邵雍以渔樵的生活话题作为论道的线索，所论可谓深刻，但其言论方式太过玄学，与其说是身为劳动者的渔樵，还不如说是对易经、老庄和玄学深有研究的学者，相当于邵雍自己。《渔樵问对》里，樵夫偶遇渔父而问"鱼可钩取乎"，以此为开始而展开了涉及道之"百问"，从关于"渔"的问题转到"薪"的问题，进而谈到水火、动静、体用、易学等。其中颇多妙语，如渔父曰："可以意得者，物之性也。可以言传者，物之情也。可以象求者，物之形也。可以数取者，物之体也。用也者，妙万物为言者也，可以意得，而不可以言传。"樵夫追问："不可以言传，则子恶得而知之乎？"渔父答："吾所以得而知之者，固不能言传，非独吾不能传之以言，圣人亦不能传之以言也。"樵夫再追问："圣人既不能传之以言，则六经非言也耶？"渔父给了个堪称机智或诡辩的回答："时然后言，何言之有？"——参考孔子"天何言哉"之意可知，万物之性尽显于万物之运行，天地虽然不言，却等于通过自然变化的消息而"言"了，既然如此，圣人关于万物之性如其所显的言说就没有比万物如其所显的事实多说了什么，所以，圣人之言既不是开天辟地的原初言说，也不是说破万物秘密之言，只是关于形而上之道的备忘提示，因此不是"能够言传"之言，其中道理仍然只能由人"意得"。

接着讨论到如何体会万物，渔父的言论更是玄学高论。渔父说："万物皆可以无心而致之矣。"樵夫问："敢问无心致天地万物之方？"渔父解释说："无心者，无意之谓也。无意之意，不我物也。不我物，然后定能物物。""以我徇物，则我亦物也；以物徇我，则物亦我也。我物皆致，意由是明。天地亦万物也，何天地之有焉？万物亦天地也，何万物之有焉？万物亦我也，何物之有焉？我亦万物也，何我之有焉？何物不我？何我不物？如是则可以宰天地，可以司鬼神。而况于人乎？况于物乎？"在"百问"对答中，渔父的妙论甚多，如"圣人之所以我一万物之情者，谓其圣人之能反观也。所以谓之反观者，不以我观物也。不以我观物者，以物观物之谓也。又安有我于其间哉？是知我亦人也，人亦我也。我与人皆物也。此所以能用天下之目为己之目，其目无所不观矣。用天下之耳为己之耳，其耳无所不听矣。

用天下之口为己之口,其口无所不言矣",又如"以一心观万心,一身观万身,一物观万物,一世观万世者焉"。[1]应该说,除非渔樵原本就有精研五经和玄学的特殊心得,否则难以如此言辞论道。也许渔樵对道的体验确有这般深刻,但其言论方式应该不会如此玄幻。尽管邵雍的《渔樵问对》不够真实,但重要的是,邵雍再次指认了渔樵的悟道深度。

出没于江湖而尽享充分自由和无限风光,一直是文人想象的最为不俗的生活方式,不过其理想型并不是渔樵,而是范蠡、张良所代表的绝世高人形象。对于难忘功名的文人来说,建立无比奇功之后功成身退的范蠡、张良才是人生两全其美的完美形象,但也是高不可攀的形象。范蠡、张良之才,万中无一,常人难以比肩,安稳地隐身于山水之间,是因为有一般人所无的特殊条件:除了人所不及的天才之外,他们还都是富裕之人。范蠡带门徒携珠宝泛舟五湖,并非真的忘情于山水,而是隐姓埋名,最终隐于山东定陶,改名换姓二次创业,成为巨富商人;张良封留侯,有食邑,位高富足,虽远离政局而从仙人学道于山林,想必生活供给无忧。想要成为范蠡、张良,未免要求太高,因此退而求其次的想象是,把无权无位的渔樵确认为自由自得的江湖形象。如

---

[1] 邵雍:《渔樵问对》,《邵雍全集》第四册,上海古籍出版社,2015年版,第454—468页。

阮籍所悟："愿登太华山，上与松子游，渔父知世患，乘流泛轻舟"（《咏怀》第三十二）；如杜甫所歌："呜呼古人已粪土，独觉志士甘渔樵"（《严氏溪放歌行》）；或如辛弃疾所感："谩教得陶朱，五湖西子，一舸弄烟雨"（《摸鱼儿·观潮上叶丞相》）；或如范成大所叹："逍遥放浪，还他渔子，输与樵夫。一棹何时归去，扁舟终要江湖"（《朝中措》其四）。要像渔樵那样逍遥于山水似乎不难，但真要像渔樵那样做个自食其力的劳动者，就比较艰辛了——"拥袍公子休言冷，中有樵夫跣足行"（杜荀鹤《雪》）；"酸涩涧边果，青红岩际花。贪随狙狖去，风雨未还家"（陆游《樵夫》）。渔樵过的都是清贫生活，但诗词中言及樵夫艰辛的不少，却罕言渔父的窘迫，看来，人们一般相信渔父的生活较为逍遥，至少，扁舟总是好过崎岖山道。

不知何种原因，民俗文化里广为流传的渔樵形象在精神品质上却远不及《楚辞》、《庄子》和《渔樵问对》此类经典作品所刻画的得道高人形象，其实民俗里的渔樵形象也应该是文人的选择。比如说，两汉的严子陵和朱买臣就分别被看作渔樵概念的现实版本，以至于以"渔樵耕读"为题材的民间画作里（多见于屏风、花瓶、装饰画），渔和樵的故事人物通常就是严子陵和朱买臣。此二人也得到许多诗赞，如谢灵运："目睹严子濑，想属任公钓"（《七里濑》）；如李白："昭昭严子陵，垂钓沧波间。身将客星隐，心与浮云闲"（《古风五十九首》

之十二），以及"会稽愚妇轻买臣，余亦辞家西入秦。仰天大笑出门去，我辈岂是蓬蒿人"（《南陵别儿童入京》）；范成大有词："谁似当日严君，故人龙衮，独抱羊裘宿。试把渔竿都掉了，百种千般拘束。两岸烟林，半溪山影，此处无荣辱。荒台遗像，至今嗟咏不足"（《醉江月·严子陵钓台》）；马致远唱道："担头担明月，斧磨石上苔，且做樵夫隐去来。柴，买臣安在哉？空岩外，老了栋梁材"（《金字经》）。这类赞辞多少抬高了两者的形象。严子陵藐视功名，多次拒绝做官，宁愿垂钓，虽近于渔父概念，但不属于劳动人民。至于朱买臣，则大有疑问，他只在贫穷时不得不以砍柴为生，却不甘心做樵夫，后来千方百计终于当了大官。传说是个博学之人，却似乎很难与樵夫的超越形象相匹配，至多是个耐得贫苦终成功名的人物，但后来获死罪。由此二例可见，民间故事中一方面肯定了世俗功名的价值很高，但另一面又赞颂无功无名的生活，由此透露出，生活包含着难以兼得的俗世欲望和出世理想的双重性。在此，渔樵的形象承担着超越的品质，代表的是出世理想。

文人关于渔樵的诗画作品如此大量，以至于为渔樵塑造了一种承载文人出世心意的新形象。有关渔樵的传世诗词岂止数百篇，没有传世的想必更多，涉及渔樵的传世名画过百。国画不易保存，曾经画过的应该很多。既然自古渔樵早就被定位为知事悟道的形象，已经成为传统，在文人诗词中的渔樵也是如此，但文人诗画更加着意地突出了渔樵自由自在的形象。"渔钓易为曲"(谢灵运《过白岸亭》),"林寒正下叶,钓晚欲收纶"(阴铿《江津送刘光禄不及》)。或与承袭魏晋南北朝之风以及佛教的影响有关,唐诗中的渔樵尤其呈现为一种在野自得、出世避乱的形象,如高适描写的渔樵:"我本渔樵孟诸野,一生自是悠悠者"(《封丘作》),又"物性各自得,我心在渔樵。兀然还复醉,尚握尊中瓢"(《同群公秋登琴台》);杜甫也如此描述:"江湖满地一渔翁"(《秋兴》);柳宗元有名句:"孤舟蓑笠翁,独钓寒江雪"(《江雪》)。最令人神往的渔父生活画面当属张志和的名作:"西塞山前白鹭飞,桃花流水鳜鱼肥。青箬笠,绿蓑衣,斜风细雨不须归"(《渔歌子》);李煜更是羡慕渔父之自由:"一棹春风一叶舟,一纶茧缕一轻钩。花满渚,酒满瓯,万顷波中得自由"(《渔父》)。

由唐入宋,诗词中的渔樵形象略有新变化,而此后元明清的渔樵形象则基本维持两宋的既定风格。宋元以来的渔樵形象特别强调了谈古论今的历史维度,不仅论道,而且论古,于是进一步增厚了渔樵的思想形象。

> 渔父醒,春江午,梦断落花飞絮。
> 酒醒还醉醉还醒,一笑人间今古。(苏轼《渔父醒》)
> 今夜只扁舟,追千古。
> 怀往事,渔樵侣。

曾共醉，松江渚。(范成大《满江红》)

多少六朝兴废事，尽入渔樵闲话。(张昇《离亭燕》)

古今多少事，渔唱起三更。(陈与义《临江仙》)

白发渔樵江渚上，惯看秋月春风。

一壶浊酒喜相逢，古今多少事，都付笑谈中。(杨慎《临江仙》)

或可做如此理解：渔樵原初为得道形象。形而上之道本为时间之道，而时间在人的事迹中化为历史，既然渔樵识得时间之道，自然也进而识得历史之道。虽然在理论上说，由形而上的时间之道转入历史之道，这种意识转向很是自然，但似乎还需要一个时代契机。宋人的历史感或许更多来自兴衰成败的忧患意识，因此与南北朝隋唐的乱世意识略有不同。宋朝社会秩序良好，并非乱世；经济发达，达到空前的富裕程度，远胜过此后的元明清，但多受来自辽金西夏蒙元之存亡挑战，因此，兴亡的历时性历史意识强过了治乱的共时性社会意识。当然，宋元以来的诗词中，渔樵依然保持着唐诗中渔樵的闲心逸情，这是久远的传统了，只是强化了历史感。似乎可以说，唐诗的渔樵在心情上更亲近避世的桃花源人，尽管渔樵无意变成桃花源人；宋元以来诗词中的渔樵虽仍有桃源心情，但更亲近看得见社会和历史的近人山水，尤其关心历史变迁的秘密。粗略地看，唐诗里的渔樵更爱出世，而宋元明清诗词里的渔樵更爱历史。

在此没有涉及山水画里渔樵形象的唐宋演化，是因为没有存世的唐画渔樵可资比较。不过，诗画的时代精神往往相通，因此情况可能相似。传说有王维的绝妙山水作品，为后世之榜样，但已无真品在世，唯余山水之法，仍被尊为山水画之宗主。山水画中时有渔樵形象，与山水形成精神呼应。山水之间的渔樵形象通常尺寸很小，如王维所说"丈山尺树，寸马分人"[1]，荆浩称"寸马豆人"，更为有趣。[2]渔樵尺寸虽小，却总是点睛之意，有渔樵的山水更显道不远人。在今日实存可见的山水画里，最早的渔樵形象似乎来自五代董源的作品（或有更早作品，在我知识之外）。山水画中的渔樵形象，自五代至宋元乃至明清，虽有笔法布局之别，但其精神性一脉相承，基本上都是渺渺山水之中的清冷自得的形象，既不拒人，也不好事，有着波澜不惊的精神状态。

诗画中的渔樵形象赋予了渔樵一个文人化的语境，从而使劳动者的渔樵概念偏向了文人化的渔樵概念，渔樵与万物打交道的劳动经验被淡化了，被着力渲染的是渔樵于山水之中的逍遥形象，还有渔樵与美景融为一体的画面。

---

[1] 王维：《山水论》，见俞剑华：《中国画论类编》，人民美术出版社，2016年版，第596页。
[2] 荆浩：《山水赋》，同上书，第600页。

有时自发钟磬响,落日更见渔樵人。(杜甫《崔氏东山草堂》)

渔父。渔父。江上微风细雨。

青蓑黄箬裳衣。红酒白鱼暮归。

归暮。归暮。长笛一声何处。(苏轼《调笑令·渔父》)

烟村人语虚市合,石桥日落渔樵还。(陆游《项王祠》)

樵担斜阳下,渔歌静夜闻。(陆游《生涯》)

深林茅屋隐渔樵,时有扁舟过石桥。(汪莘《回至松江》)

两岸渔樵稍灯火,满江风露更波声。(杨万里《九月一日夜宿盈川市》)

山深水木清华。渔樵好个生涯。

梦想平桥南畔,竹篱茅舍人家。(元好问《清平乐·村墟潇洒》)

江上晚来堪画处,钓鱼人一蓑归去。(马致远《江天暮雪》)

腰间斧柯,观棋曾朽,修月曾磨。

不将连理枝梢锉,无缺钢多。不饶过猿枝鹤窠,惯立尽石涧泥坡。

还参破,名缰利锁,云外放怀歌。(赵显宏《满庭芳·樵》)

> 嵯峨峰顶移家住,是个不唧溜樵父。
> 烂柯时树老无花,叶叶枝枝风雨。(冯子振《鹦鹉曲·山亭逸兴》)
> 沙鸥滩鹭缟依住,镇日坐钓叟纶父。
> 趁斜阳晒网收竿,又是南风催雨。(冯子振《鹦鹉曲·渔父》)
> 长堤细柳隐虹桥,弄笙箫,伴渔樵。
> 醉倚枫林,仰面挂诗瓢。(沈泓《江城子·村居》)

如此等等。文人化的渔樵在其形而上意象之上叠加了一个夺目的美学意象。

并非文人对渔樵的劳动本性缺乏了解,而是文人更乐见渔樵的美学形象。实际上,文人应该熟知渔樵,按照传说,文人是渔樵的常客,尤其是漂泊的文人,更喜与渔樵长话共醉。

> 天涯有来客,迟尔访渔樵。(刘长卿《赴江西,湖上赠皇甫曾之宣州》)
> 秦城归去梦,夜夜到渔樵。(许棠《忆宛陵旧居》)
> 休官穷太守,久混渔樵席。(方回《十一月旦泊大浪滩下》)
> 分得渔樵席,白云相共眠。(黄顺之《初寓

横泾》)

欲依佛老心难住,却对渔樵语益真。(辛弃疾《偶作》)

偶逐渔樵住,都忘岁月移。(陆游《书南堂壁》)

有渔翁共醉。(陆游《沁园春·有感》)

今夜只扁舟,追千古,怀往事,渔樵侣。(范成大《满江红》)

簿书尘外访渔樵。(范成大《北门覆舟山道中》)

暮龄喜共樵夫语,懒与诸儒论异同。(刘克庄《再和宿囊山三首》其一)

犹自梦渔樵。(许浑《秋日赴阙题潼关驿楼》)

芙蓉岸边,醉上钓鱼船。(张可久《满庭芳·山中杂兴》)

待与樵夫齐高歌,昔谈王道今如何。(徐侨《樵夫行》)

此类文词甚多,可见探访渔樵是文人雅事。文人心寄托于渔樵身,借其美学意象而换形移位进入到另一种精神空间,去体会俗世所缺少的自在和悠远。

文人化渔樵与劳动者渔樵在精神性上部分重叠相通,但不完全相符,其中多了一些东西,又少了一些东西。被文人加于渔樵身上"多出来"的心境,首先就是出世感,或藐视功名的态度;其次"多出来"的还有逍遥,或曰自由自在。文人所感知的渔樵如此状态并非没有经验根据——存在就是被感知（贝克莱）——被感知的渔樵形象就是出世而逍遥，然而就渔樵本身而论，渔樵并没有藐视功名，只是无意于功名；也不是故意出世，事实上也没有出世，只是显得出世。渔樵的生计需要与社会交往，但与市井有着精神上遥远的距离。渔樵或有逍遥的时间和无人管制的自由生活方式，但目的不是为了逍遥，而是其生活方式的节奏本就如此。赵孟頫的《渔父词》文辞甚美，"渺渺烟波一叶舟，西风木落五湖秋。盟鸥鹭，傲王侯，管甚鲈鱼不上钩"，但夸张了渔父的孤傲和任性。渔父终究是劳动者，还是在乎鲈鱼上钩的，渔父也不是"傲王侯"，只是不媚王侯，而且不是出于江湖与官家的对立，而是出于对众生万事一视同仁的沧桑感。张养浩的唱词虽然粗粝，但在意味上更接近渔樵概念：

> 树苍苍，水茫茫，云台不见中兴将。
> 千古转头归灭亡。
> 功，也不久长，名，也不久长。（《山坡羊·洛阳怀古》）

又有：

> 列国周齐秦汉楚。
> 赢，都变做了土；
> 输，都变做了土。（《山坡羊·骊山怀古》）

这种沧桑态度并非虚无主义，渔樵尊敬有道高人、英雄豪杰和读书人，只是知道时间的力量。

劳动者渔樵与文人化渔樵的根本差别就在于此：文人通过藐视功名王侯来求证自己的精神自由，而渔樵知道，只有时间、山水和历史之道才是万变而不变的存在，其他事物终将消于无形，因此平静无别地看待地位高低和世事变迁。文人常与渔樵交往，当然并非不知道渔樵的态度，"钓竿到手万事轻，孰是孰非孰荣辱"（赵汝鐩《渔父四时曲·秋》），只是有时愿意移情地重新定义渔樵。文人化渔樵比起劳动者渔樵，所缺少的正是宠辱不惊的平等和沧海桑田的平静。

渔樵心性与山水相通，浑然一体，其"山水智慧"几可及道，因此不像一般文人那样经不起失意或诱惑的考验。渔樵出没于山水之间，事实上劳动先于逍遥。山水首先是渔樵的生计，然后才是悟道之启示。毫无疑问，渔樵是劳动人民中的智慧小众，既可与其他劳动者闲话，也可与异人高士共语。虽然可以说，渔樵既是劳动者又是智者，但同样可以说，既有别于劳动者也有别于智者。渔樵的山水智慧与其劳动者身份以及与山水的切身经验密不可分。王维理解山水与渔樵之间切身却又纯粹的关系，有诗云：

行到水穷处，坐看云起时。

偶然值林叟，谈笑无还期。(《终南别业》)

分野中峰变，阴晴众壑殊。

欲投人处宿，隔水问樵夫。(《终南山》)

若问穷通理，渔歌入浦深。(《酬张少府》)

渔樵虽务俗事，却无俗心，与世无争。只要乐意，就随时可以高歌或谈古，劳动与思想不分家。"观棋柯烂，伐木丁丁，云边谷口徐行。卖薪沽酒，狂笑自陶情。苍径秋高，对月枕松根，一觉天明。认旧林，登崖过岭，持斧断枯藤。收来成一担，行歌市上，易米三升。更无些子争竞，时价平平。不会机谋巧算，没荣辱，恬淡延生。相逢处，非仙即道，静坐讲黄庭"(吴承恩《西游记·满庭芳·樵夫》)。虽身在世间，但渔樵占有的是世界的另一面："你便占尽白云无人怪"(张养浩《普天乐》)。

现在回到前面那个尚无答案的问题：为什么渔樵形象会有与一般劳动者不同的特殊含义？凭什么渔樵自古就被认为具有得道的智慧？既然渔樵的高人形象可以追溯至商周或更古老时代，那么就显然需要一个足够远古的理由。张文江给出过一个很有吸引力的解释："渔樵是中国的哲学家。"[1]根据传说，我们相信渔樵有智慧，但渔樵没有理论，未曾"立教"，无论如何与孔子、老子或庄子等等哲学家不属于一个概念，那么，在何种意义上，

---

[1] 张文江：《古典学术讲要》，上海古籍出版社，2010年版，第186页。

劳动者和哲学家得以合一？柏拉图相信，哲学家与王者合一才是最优的合体，《周易》也有类似的理解，即思想家和王者的合体就是圣王。渔樵是劳动者，似乎距离王者或哲学家的位置十分遥远，如果说，劳动者能够与哲学家成为一体，其中必有特殊机缘。

张文江试图揭示渔樵的一个隐秘本质：渔樵之所以是哲学家，是因为渔樵之"象"暗喻了人类文明的根基，这意味着渔樵总能够"从根本处"去理解人类文明的努力。可是渔樵又何以能够代表文明的根基？张文江亮出的谜底是：发明结绳作网而用于捕兽捞鱼的伏羲就是最原始的"渔"，而发明钻木取火的燧人氏则是最原始的"樵"，所以渔樵就是文明的两个最早作者，他们的创作奠定了文明何以可能的最基本条件，即人类获取生存所需的食物和能源的手段。既然渔樵是文明的初始作者，那么必定对文明知根知底，自然最能够理解人类文明的意义。[1] 在这个意义上，即使渔樵没有发明任何理论，也已经以实践的方式通达了文明的本质。作为文明的发明人，渔樵当然对文明的根底了如指掌。伏羲和燧人氏既是最原始的渔樵，同时也都是圣王，由此可见，在人类文明的创始期，初始渔樵、哲学家和王者原是一体，就是说，文明之始，劳动者、哲学家和王者是三者合一。只是在文明初步成熟的后世，才变形为《周易》和柏拉

---

[1] 张文江：《古典学术讲要》，上海古籍出版社，2010年版，第188—189页。

图所认同的哲学家和王者二者一体。

唐代诗人元结有一组补"乐"之歌,唱颂文明之众始祖,其中就有一首乐歌赞颂了作网之伏羲:

> 吾人苦兮,水深深。
> 网罟设兮,水不深。
> 吾人苦兮,山幽幽。
> 网罟设兮,山不幽。(《补乐歌·网罟》)

但他似乎没有写作关于燧人氏的乐歌,另有若干伟大的文明始祖也没有出现在元结的《补乐歌》中,这可能是因为各人对文明始祖的理解和选择有所不同。

在人类最早生活里,渔樵的劳动几乎就是生活的主要内容。考古学和历史学证明,在发明农耕之前以及之后的相当长时间里,渔猎一直是食物的一个主要来源。中国古代的农业大发展始于战国秦汉时期,即使在农耕时代,人们仍然需要以渔猎作为食物的重要补充。事实上,在现代化农业之前,单靠农业不足以温饱,所以渔猎一直是生存的重要部分。从新石器时代的墓葬出土可以看出渔猎的重要性,这里只能从数百个遗址中随意挑选几个例子:新开流遗址(距今7500—6500年)中的动物遗骨全是野生动物,包括螺、多种鱼类、鳖、鸟、多种野兽;半坡遗址(距今7000—5000年)有鱼类、鸟类、野兽和家养动物;贾湖遗址(距今9000—7800年)有多种蚌、鱼类、爬行类、野兽；登封王城岗遗址（距今4600—3900年）有多种蚌、鱼类、爬行类、野兽和家养动物；二里头遗址（距今3800—3500年）有多种蚌、鱼类、爬行类、鸟类、野兽和家养动物，其中居然有虎豹和犀牛；安阳殷墟遗址（商代）有贝壳类、多种鱼类、野兽，其中不仅有虎豹犀牛，更有大象；余姚河姆渡遗址（距今7000—6500年）有贝壳类、螃蟹、多种大型鱼类（包括真鲨）、多种爬行类（包括海龟），野兽种类极多，甚至有大象和鲸。[1]如此等等，可见渔猎对于食物的重要性。至于火的使用，其重要性更是不言而喻，早期生活的煮食、烧烤食物、取暖、照明、烧制陶器和青铜器都需要用火，甚至可以认为，如果没有发现用火的方法，文明的发展几乎不可能。因此，渔樵确实是人类早期文明生活的基础。由此看来，张文江对渔樵意象隐秘含义的分析就很有道理了。

渔樵意象很可能在文明早期就已经初步成为了表现重要生活形式的意象，对此有一个旁证：新石器时代属于仰韶文化的"鹳鱼石斧图彩陶缸"[2]，画面里有一只白鹳，嘴衔一条鱼，旁边有一把石斧。这个图像显然有着某种重要含义，然而到底是何含义却不那么显然，至今

---

[1] 袁靖：《中国动物考古学》，文物出版社，2015年版，第113—187页。
[2] 中国社会科学院考古研究所编著：《中国考古学：新石器时代卷》，中国社会科学出版社，2010年版，第246—249页。"鹳鱼石斧图彩陶缸"属于仰韶文化的大河村文化，采集于汝州阎村。

尚无定论。或许，这个图像是对渔樵作为生活之本的最早识别，至少是与渔樵生活密切相关的意象。可以想象，在文明早期，人们应该更直接地理解到渔樵对于生活的根本性。关于文明的基础，我想，有一点很需要补充说明：文明的初始作者是一个作者群，不仅有渔樵，还有其他同等级别的初始作者。比如说，在文明的初始作者中，造字的仓颉居功至伟，没有文字就不可能有发达的文明，同样，发明政治制度的作者也是文明的最重要作者，通常归于黄帝，或归于尧舜，所谓"垂衣裳而天下治"[1]，经常被解读为"无为而治"，显然是受到后世道家影响的解读，恐怕与本义略有偏差。事实上，黄帝、尧、舜都是非常积极有为的，古代绝大多数圣王都非常积极而为。"垂衣裳"更合理的解释是：以制度代替暴力而建立了秩序，从而超越了自然状态。这意味着，制度的力量胜过暴力，这才是制度所以能治的优势。在文明初创之时，制度是综合性的，包括后世区分为政治、法律和伦理在内的所有制度安排，相当于一个社会的总秩序。"垂衣裳而天下治"被认为显示了德配乾坤的卦象[2]，意味着最高的创作。从文明秩序和精神世界的建构来看，仓颉和黄帝之功高过渔樵，但如果从文明的初始发端来看，则渔樵是根本。

---

[1] 见《周易·系辞下》。
[2] 同上。

如前所言，文明的智慧功业被分为"作"与"述"两类。[1] 所谓"作"，就是对文明的创作，尤其是技术性和制度性的创作，比如说，火的使用，渔网、车船、犁、房子的发明，麦子、水稻的种植，等等，还有政治、法律、伦理、文字、音乐的发明等，概括地说，一切人造秩序都是"作"，每种"作"都开拓了一种可能生活或一个可能世界，相当于创世之功，也称立法之功；所谓"述"，则是基于"作"的观念化，即为"作"给出解释、提出观念或思想，使"作"化为学说、理论和文献，所谓立教之功。"作"与"述"共同创造了文明及其历史。由此可见，获取食物和使用能源的技术发明人伏羲和燧人氏就有创制之功，虽然他们没有立教，没有理论，却以文明作者的身份拥有了文明的哲学智慧，所以渔樵有资格成为文明根源的智慧象征。张文江进而认为，既然"渔樵这个象可以推到生存根源，只要人类没有灭亡，渔樵就会存在"。[2] 就是说，作为概念而长存的渔樵贯通于整个历史，既属于过去，也属于现在和未来。

"作"与"述"对文明之功的界定蕴含着理解文明的一种历史哲学，同时也是"作为创世论的存在论"。[3] 人

---

[1] 关于"作"与"述"的论述，参见章学诚：《文史通义·原道》，上海古籍出版社，2008年版。
[2] 张文江：《古典学术讲要》，第193页。
[3] 细节参见赵汀阳：《第一哲学的支点》第三章，生活·读书·新知三联书店，2013年版。

类没有创造自然，但创造了历史。相对于人类作为历史作者的身份而言，存在论就落实为历史哲学。在历史世界里，"作"先于"思"，因为有"作"才有历史，才有需要"思"的问题。因此，对于化为历史哲学的存在论来说，第一命题是"我作故我在"（facio ergo sum），而不是笛卡尔的"我思故我在"（cogito ergo sum）。类似地，在"作"与"述"的框架里，"作"先于"述"，因为有"作"才有需要"述"的事情。既然"作"与"述"构成了历史，那么就只有"作"与"述"才值得入史，同时也意味着，只有那些拥有创制之功或立教之功的"作者"和"述者"才有可能透彻理解历史之道。在文明的起源状态中，"作者"和"述者"原为一体，是立法并且同时加以反思的劳动者。两者合一的初始性提示着，只有劳动者才拥有关于"起源"的直接经验，才能够切身地理解道，而背弃劳动就不可能得道。

在传统解释里，"作"的意象首先属于创造历史的圣王，而"述"的意象来自解释历史的圣人，所谓圣王作，圣人述。通常代表文明四维的"渔樵耕读"四象，其原型都是成圣的劳动者，除了"读"是圣人，其他都是圣王。其中，"渔"为伏羲，"樵"为燧人氏，"耕"就应该是神农氏。元结有唱颂神农之歌：

> 猗太帝兮，其智如神；
> 分草实兮，济我生人。

> 猗太帝兮，其功如天；
> 均四时兮，成我丰年。(《补乐歌·丰年》)

但也有以后稷为农神一说，《诗经·大雅·生民》言后稷发展了耕作：

> 诞后稷之穑，有相之道。
> 茀厥丰草，种之黄茂。
> 实方实苞，实种实襃。
> 实发实秀，实坚实好。
> 实颖实栗，即有邰家室。
> 诞降嘉种，维秬维秠，维穈维芑。
> 恒之秬秠，是获是亩。
> 恒之穈芑，是任是负，以归肇祀。

　　后稷不是农耕的发明者，却有如此地位，说明他对农耕技术可能有过重大改进。另外，也有以教民耕作的大舜作为耕者代表之说，或许大舜曾经是农耕的有力推广者。无论神农氏、后稷还是大舜，皆为远古圣王。最后，就"读"的初始性而言，理应是发明文字的仓颉，传说为黄帝之史，即最早的史官，也是最早的职业历史学家，在这个意义上，历史学家是最早的圣人。如果以文化和思想的影响力而言，"读"的代表人也可以是六经的最早解读者孔子。

如前所论，渔樵耕读的民俗代表人却与历史上的事实代表人颇有些出入。在民俗图画里，"渔"的形象经常是严子陵；"樵"的形象是朱买臣；"耕"的形象多是教民耕作的大舜；"读"的形象通常是发奋读书的苏秦。其中只有大舜形象有一定的合理性，但以原始意象而言，大舜不及神农，也未必高过后稷；严子陵虽有渔父的人格，但不是劳动者，并非渔父概念的最佳代表；朱买臣一心谋官，只是常人；至于苏秦，虽是苦读的榜样，却缺乏深度意义，且不说无法与仓颉或孔子相比，即使只以读书人的概念论之，比之颜渊也有差距。那么，民间版本的渔樵耕读形象究竟是如何形成的？其选择是否另有什么转换了的深意？这一点还有待考证。无论如何，作为理想化概念的渔樵耕读都被假定有着超越的品质和智慧，所以古人每每以渔樵耕读与官宦商贾衙役走卒之类俗人加以对比。

如今时过境迁，大多数劳动不再是创作，已经变成程序化的劳作；读书人也已经少有"述"的能量，更多是在复述。所幸这些原始意象仍然保留着"作"与"述"的精神秘密。

渔樵的话题

根据传统的形象设定，渔樵熟知俗世之事，但闲时的主要话题却不是现场的热点新闻，而是不在场的历史往事，而且是自古至今的整个历史，所谓"渔樵识太古"（刘长卿《奉寄婺州李使君舍人》）。如前所述，作为山水之友，渔樵借得山水见证历史的眼光，所以思想具有强烈的历史感，得闲便要谈论历史。渔樵的山水背景使得渔父的概念有别于在大海捕鱼的渔民。海洋经验非常不同于山水经验，主要是险恶的自然经验而不是兴衰的历史经验；是风云不测和惊涛骇浪，不是兴亡荣辱和机关算尽。越是纯粹而强烈的自然经验就越远离历史感，险恶的自然经验使海洋渔民具有另一种超越的精神，但海洋经验不是戏剧化的故事，也不是他人的故事，因此难以言说，甚至不适合言说，所以，文学作品中的老船长总是沉默的，不像渔樵那样说起历史便言不休。

渔樵虽在闲时谈论历史，却非闲谈，而是以道的尺度来谈论历史，可是，渔樵并非以历史研究为业的历史学家，为什么要如此严肃地谈论历史？历史又为什么要由渔樵没完没了地谈论？渔樵谈论历史到底谈论的是什么？渔樵有怎样的知识资源来谈论历史？

人谈论历史并非稀奇怪事。对于生活在以历史为本的精神世界中的人来说，历史是思考一切问题的依据，也就成为人们普遍关心的话题。无论官员商贾、乡绅员外、贩夫走卒还是学者隐士、诗人画家、农民工匠、剑客游侠，都对历史故事有着永不消退的热情。在古代社会里，除了史学家和学者，历史谈论得最多的人应该是说书人和渔樵。书皆是古，说书即讲古，说书人（也包括戏班子）游走于乡村市镇，以讲古为生。他们也会讲到奇人异事之类的新闻，但新闻不久也变成历史。人们一遍一遍听着雷同的故事，一次一次看着类似的戏剧，故事早已了然于心，仍然乐此不疲。历史的故事主题虽然讲得完，却说不完，因为说法无穷，总有描述和解释的新意。与说书人不同，渔樵并不讲古，而是论古，通过历史故事深究历史之道。渔樵论古不需要大量听众，经常只是渔樵们自己之间的讨论，或与江湖有缘人的讨论，多为文人学者或异人游侠。那么，渔樵之论古与历史学家又有何差异？

无论谁谈论历史，话题资源必定是关于古代事件的故事，史学家和渔樵概不例外。历史学家会根据考古文物、古代遗迹、文献实录去研究古代的技术水平、经济水平、社会结构、宗教信仰、政治制度、生产能力、商业贸易、教育制度、知识生产、法律伦理、艺术风格、生活习俗、天文地理、气候气象、语言和人口，等等，试图从中发现历史的"真相"、历史变迁的条件和线索、事变的因果关系、历史周期甚至"历史规律"。但是，除了考古学，历史研究的科学性至今未被证明也未被承认。历史学终究是人文解释，无论什么样的史学描述都不是如实描述，无论取材还是解释，史学都无法超越主观性，因此，史学所看见的只是愿意看见的。如果以科学所要求的标准来看，历史真相是一种假说，至于历史规律，就更是想象。历史没有可重复的稳定因果关系，也就无从确定普遍或必然的规律。因此，史学不是一种科学知识，而是包含知识的叙事，却另有在知识之外而且不能还原为知识的思想和精神。

渔樵并无考证历史的能力和兴趣，无力也无意于追究事件的真相。与寻求答案或定论的知识努力相反，渔樵试图保持一种可以永远争论而永无结论的思想状态，在这个意义上，渔樵史学更接近于历史哲学。当然，渔樵绝不会拒绝历史真相，如果有历史学家告诉渔樵一些与传闻故事不同的如实知识，渔樵一定洗耳恭听，收入他们的历史知识库。只不过，对于渔樵来说，思想重心在于揭示历史之道的要素、关系和结构，就是说，一个故事是否如实叙述了真实情况不及一个能够表达问题意识的故事结构那么重要。对历史之道足以构成有效解释的要素、关系和结构在未必为真却很逼真的历史故事中同样齐备，兴衰成败，功名富贵，得失荣辱，是非正邪，强弱尊卑，形势时机，功败垂成，命运轮转等一切演化变迁模式，一样也不少。既然那些构成历史性的关系、结构和模式在未必为真而逼真的历史故事中同样具备，那么，历史故事与历史真相所透露的历史之道是同构的。比如说，假定历史上真实的曹操是个胸怀坦荡的真英雄，而渔樵听闻并加以谈论的是作为奸雄形象的曹操，虽不如实，却不影响三国的博弈格局和兴亡之道，也不影响三国风云的历史性意义。历史真相可以增加历史知识，却未必增加了历史之道的秘密。尽管缺乏史学专业知识

〔南宋〕马远　寒江独钓图　轴　局部
绢本墨笔　纵40厘米　横51厘米
东京国立博物馆藏

〔五代〕赵幹　江行初雪图　卷　局部
绢本设色　纵25.9厘米　横376.5厘米
台北故宫博物院藏

〔宋〕许道宁　渔父图　卷　局部
绢本设色　纵48.9厘米　横209.6厘米
美国纳尔逊·艾特金斯艺术博物馆藏

〔元〕黄公望　富春山居图（无用师卷）　局部
纸本墨笔　纵34.1厘米　横1088.5厘米
台北故宫博物院藏

〔元〕吴镇　渔父图　轴　局部
绢本墨笔　纵84.7厘米　横29.7厘米
故宫博物院藏

〔清〕余集 雪渔像 轴 局部
纸本设色 纵126.3厘米 横47厘米

〔清〕雍正行乐图册
十六开之四　每开纵37.5厘米　横30厘米
故宫博物院藏

并不妨碍渔樵谈论历史之道，但有一点必须明确：在绝大多数情况下，相对如实的历史叙事总是比文学化的历史故事更有思想深度和复杂度，这是因为，现实生活总是比文学想象更有想象力，最有想象力的事情总是发生在真实生活中，而不是出现在文学想象里。因此，如果渔樵有机会得知更多的如实历史，以渔樵的思想敏感，一定会更感兴趣。

可以说，渔樵是哲学地谈论了历史，谈论的是历史性而不是历史真相。每种历史都有自己的历史性，意味着一种历史所展开的命运。《三国演义》的开篇词典型地点明了渔樵史学的关注重点：

> 滚滚长江东逝水，浪花淘尽英雄。
> 是非成败转头空，青山依旧在，几度夕阳红。
> 白发渔樵江渚上，惯看秋月春风。
> 一壶浊酒喜相逢，古今多少事，都付笑谈中。
> （杨慎《临江仙》）

其中，"逝水"的核心意象似乎直接源于苏轼的"大江东去，浪淘尽，千古风流人物"（《念奴娇》），或者辛弃疾的"千古兴亡多少事，悠悠，不尽长江滚滚流"（《南乡子》），甚至可以追溯至孔子的"逝者如斯夫"。

滚滚流水的意象一直广为引用，它不仅是时间之象，同时也是历史之象。正是万事的不断流失提出了存在的意义和命运问题。显然，渔樵主要关注的不是历史事件或历史人物的是非曲直，而是作为存在意义和命运的历史性：何者如水之逝？何者如山之固？谁的得失是喜剧？谁的成败是悲剧？谁自不量力？谁自取其辱？为何功败垂成？何事功在千秋？在历史性的层次上，所有成败得失都是对存在的一种说明，都事关命运的秘密。既然渔樵以形而上之道为眼界，以山水为尺度，就必定深入到比之曲直是非更深一度的历史性或命运问题。

渔樵的论古虽近于道，但不太可能以形而上的语言去直接论道。渔樵无论是否识字，无论是否饱读诗书，都不脱劳动者本色而保留着原始"作"者的品质，即使具备了形而上的眼界，渔樵史学也必定是道不离事，必定涉及大量的历史故事。那么，渔樵会对什么类型的历史故事更感兴趣？或者对一切历史故事都同样感兴趣？渔樵会以什么言论方式来谈论历史故事？还有，渔樵史学想说给谁听？简单地说，渔樵谈什么？怎么谈？听者何人？由于渔樵史学不落文字，其谈论风格也无自述，因此不可能有任何确证，只能借助推论，并求助于渔樵有缘人的诗文旁证。

从言及渔樵的诗词中可知，渔樵通常在歇工之后，或在风雨交加的闲日，一起"笑谈"历史，佐之"浊酒"，或林泉坐地，或孤舟随波，其背景或有晚霞白鹭，或明月清风，或烟雨如染，或秋声如诉，总是一种暗喻远离俗人愚见却又对俗世了如指掌的画面，"对着这般景致,坐的,便无酒也令人醉"(张养浩《朝天曲》),此般光景最适合诗画和谈论历史。渔樵大概不善于诗画,或无此意,主要就是谈历史。那么,渔樵的历史说给谁听?给渔樵们自己听,也给有缘人听。渔樵互为最佳言说者和听者,所以总是喜相逢,"笑加加地"从随意的某个话题进入历史。谁又是渔樵的有缘人?显然不等于所遇到的任意人。渔樵遇到的人实在太多,几乎是市井各色人等。渔樵的逍遥形象很容易引起"世外"的联想,据说渔樵还时而遇见世外真人,"相逢处,非仙即道"(西游记《满庭芳·樵夫》)。不过,假如真有世外真人,也恐怕对历史全无兴趣,真人既与自然合一,或四大皆空,社会和历史便无意义。因此,世外真人多半不来寻渔樵,渔樵也不去寻他们,即使偶遇,也不谈历史,观棋喝茶倒有可能。世外真人未必存在,和尚道士却必定常见,是否高人无法一概而论,其中自有高僧,也有混混。假如渔樵遇见高僧,或有机锋对话,却未必会畅谈历史,因为历史对出世高僧也无甚意义。因此,合理的推想是,渔樵的有缘人应该是有反思意识而又不甚符合社会常规之人,或是知世事而不耽于世事的高人,因此心意相通,有可能是被贬的官员、好酒的文人、借船的画家、漂泊的剑客、有思的学士、山林避世隐士、江湖待沽隐士,甚至可能是对渔樵概念有所想象的帝王。是否真有帝王会去探访渔樵,不得而知,周文王见姜太公的故事或为此种想象的依据。但确有对渔樵形象大感兴趣的帝王，雍正便是一例。雍正命画师将其画成渔父形象，作品传世若干，但雍正是否真的扮作渔樵以便写生，还只是让人画成渔樵模样，不得而知。

虽不能肯定渔樵之友是以文人为主，但文人总在诗词中提及与渔樵的交往或对渔樵的羡慕之情，因此，文人肯定是渔樵史学的热心听者。"闲时节观山玩水，闷来和渔樵闲话"（贯石屏《村里迓鼓·隐逸》）[1]；"分得渔樵席，白云相共眠"（黄顺之《初寓横泾》）；"有渔翁共醉"（陆游《沁园春·有感》）。文人与渔樵共语历史，相谈甚欢，甚至共醉，必有不少共同话题，尽管历史观未必一致。可以想象，文人中或有近似渔樵历史观的人，但更多的文人可能会倾向于伦理－政治化的历史观，以仁孝、忠奸、善恶、正邪、有德无德等为伦理价值，以正统霸统、有道无道、民心得失、华夷之辨等为政治价值，总之，离不开家国天下。

渔樵自有劳动者的自然道德观念，即人同此心而有别于意识形态价值观的自然善恶观念——"千古是非心，一夕渔樵话"（白朴《庆东原》），因此，基于意识形态价值观的伦理－政治化历史观就与渔樵的山水历史观之间有着距离。渔樵历史观既以山水为时间尺度，以形而上之道为存在理由，那么必定是一种视沧桑变化为无穷过程的循环史观，其中有"一治一乱"的循环结构，可以归

---

[1] 贯石屏疑为贯云石，元朝畏吾儿人。少年以勇力闻，后习文，颇有文名。

为基于易经精神的"易道史观",基本意识是生生不息,而用于历史分析的概念应接近易学,诸如阴阳、变化、变通、动静、刚柔、吉凶、伸屈、时机、时运、形势、功利、和谐、顺逆等,分析对象则是得失成败、兴衰荣辱的关键条件,通常归入"天时、地利、人和"的分析模型。如果某种成败兴衰的特殊情况通过以上分析方式还是难以解释,最后就只能托付给"人谋天算"的天命解释模式,承认人力终究不敌难测之天数。

虽与文人的政治历史观有所不同,但渔樵同样也心系家国天下。事实上,家国天下的关怀是共享的文化背景和集体经验,因此,对于事关家国天下的问题,渔樵与文人应有许多共情的忧思和感叹。以此看来,渔樵和文人虽有不同的历史观,却很可能共享"叹兴亡"的历史感。文人探访渔樵时有一种感伤的画面感,或相逢晚霞下,扁舟中,借浊酒,论古直到半夜雨;或相遇风雪中,茅屋里,就浊酒,论古无奈三更寒,大概就剩下叹兴亡了。

美人自刎乌江岸,战火曾烧赤壁山,将军空老玉门关。

伤心秦汉,生民涂炭,读书人一声长叹。(张可久《卖花声·怀古》)

千古转头归灭亡。

功,也不久长,名,也不久长。(张养浩《山坡

羊·洛阳怀古》)

想兴衰，苦为怀。

唐家才起隋家败，世态有如云变改。

疾，也是天地差，迟，也是天地差。(张养浩《山坡羊·咸阳怀古》)

列国周齐秦汉楚。

赢，都变做了土；输，都变做了土。(张养浩《山坡羊·骊山怀古》)

伤心秦汉经行处，宫阙万间都做了土。

兴，百姓苦；亡，百姓苦。(张养浩《山坡羊·潼关怀古》)

更有：

柴门外春风五柳，竹篱边野水孤舟。

绿蚁新醅，瓦钵磁瓯，直共青山，醉倒方休。

功名百尺竿头，自古及今，有几个干休？

一个悬首城门，一个和衣东市，一个抱恨湘流。

一个十大功亲戚不留，一个万言策贬窜忠州。

一个无罪监收，一个自抹咽喉。

仔细寻思，都不如一叶扁舟。(张养浩《双调·折桂令》)

如此等等。从浊酒笑谈的场面和情理来推测，渔樵未必多谈其易道史观，估计点到为止。在无限风光和一片孤寂中，更多的时间大概消磨于可以反复谈论而感叹再三的历史故事。消磨时间需要入戏的历史感，而入戏需要跌宕的故事情节，可以想象，渔樵和文人都会从某个戏剧性的历史故事入手，进而纵论古今，不知其终。

那么，渔樵所知的历史故事来源何处？又是什么样的历史故事？假定多数渔樵是不识字的劳动者——"不识字烟波钓叟"（白朴《沉醉东风·渔夫》），那么，渔樵听闻的历史故事应该主要来自巡回于江湖的说书人，有些则来自偶遇文人的知识，或乡村社戏杂剧之类；又假定少数渔樵饱读诗书——"水为乡，篷作舍，鱼羹稻饭常餐也。酒盈杯，书满架，名利不将心挂"（李珣《渔歌子·荻花秋》），那么渔樵自己可能从史书中所知甚多，也可能还从说书人和文人朋友那里听说一些，也包括杂剧之类。于是，渔樵有可能谈论的历史话题几乎覆盖了所有神话、史书、民间传说和民间文学中的故事，就是说，任何种类的历史故事都在渔樵的兴趣范围内，无论是可信的历史，还是虚构的历史故事。

当历史成为集体共享的精神世界，大多数人又都关心历史，可是受限于阅读能力，因此，史书中几乎所有重要历史事件或具有戏剧性的历史事件都被改编为比原版平易得多也夸张得多的民间历史故事而广为流传。在这里统称为"故事"的叙事属于古代写作，完全不同于现代小说。关于"故事"和"现代小说"的本质区别，本雅明给出过最好的分析。[1]故事（包括古代小说）所讲述的事情未必为真，但故事总是暗含有精神分量的问题和忠告，含有可以不断分享、代代传授的普遍经验。与此不同，现代小说倾向于表达个人经历或个人内心，难以构成可以普遍分享的经验，其中少有对他人有益的忠告。个人内心经历或可交流，却无法分享，就难以代代相传。以包含普遍可分享的经验为准，我们把历史的如实叙述和历史的文学叙事都称为"故事"。

渔樵兼收并蓄所有历史故事，因此所知的历史故事范围应该与民间普遍流传的各种历史传说以及各种历史题材的戏曲大致相似。似乎在隋唐之前，历史知识主要属于文人，虽有民间传说，但民间历史故事的数量和细节都相对有限，其中一个重要原因是，大多数人不识字，需要通过听觉中介，即戏曲或评书，去听说历史故事。隋唐之前的戏剧或戏曲尚无复杂曲折的故事结构，因此题材和信息量都相对有限。民间戏曲的大幅度改进发生在唐朝，或归功于佛教讲经的启发。佛教讲经为了最大化其吸引力，往往以生动故事来解释佛经道理，称为"变文"，同时也把佛经故事图像化，称为"变相"，这种有效的传播技巧称为"俗讲"，后来推广到民间文学中，促成了唐朝的俗讲文学和传奇小说，于是故事题材

---

[1] 参见本雅明：《讲故事的人》，见《本雅明文选》，陈永国、马海良编，中国社会科学出版社，1999年版，第291—315页。

和信息容量剧增。再后来发展为宋辽金元更为丰富的杂剧、南戏、院本、说唱评书之类，在明清时期，更演变出信息容量巨大的长篇演义和平话。因此，不知是否可以由此推论说，唐朝之前的渔樵，所知的历史故事主要来自历史文献和口头相传的故事，其后的渔樵所知的历史故事则更多来自戏剧和评书？假如唐朝之前的渔樵已有大量的历史知识，那么，其中就应该有不少识字的渔樵，或有许多文人朋友？渔樵的秘密真多。

无论历史故事最初来自哪里，可以肯定的是，大部分故事都进入了评书、演义和戏剧。我们或可以京剧为例，管窥渔樵可能谈论过的历史话题。以京剧为例的理由是，尽管古代渔樵在当时听到看到的戏曲并非京剧，而是各个时代的各种地方戏曲，但晚出的京剧有着集大成的优势。由于京剧终于为官宦富商阶层甚至皇家所接受，因而得以发展为雅俗共赏的"普通戏"。京剧以其"普通戏"的地位，收纳改编了各种历史演义或白话的故事，继承了历代杂剧以及地方戏的大量题材，例如在京剧的前辈中，元杂剧约有600种，传世约130种，而清杂剧则多至约1300种。[1] 京剧虽非将其一网打尽，但至少收纳了大多数故事，加上自身开发的题材，几乎积累成

---

[1] 顾肇仓选注：《元人杂剧选·前言》，人民文学出版社，1978年版；王永宽、杨海中、幺书仪选注：《清代杂剧选·前言》，中州古籍出版社，1991年版。

为戏目大全，据考多达5000余种剧本。[1]其中有许多雷同故事的不同版本，如果把相似故事归为一个故事，数量仍然很大，应该超过2000种。[2]可以说，京剧保留了传统历史故事的大半基因，遗传了说书人和各地戏剧作者所编制的故事，还有部分正史。

当然，京剧并非仅有历史故事，也包括一些与历史变迁关系不大的社会生活故事，例如《梁山伯与祝英台》《孔雀东南飞》之类，以及以神仙妖怪为形式的传说，例如《封神榜》和《西游记》系列。这似乎说明，古代社会最为喜闻乐见的故事主题首推历史，其次是生活故事，再者为怪力乱神。有趣的是，这三个主题至今仍然最为流行，社会虽已巨变，但生活本质似乎未改。按照朝代来看，上古时期到商朝的故事最少，可能被记载的故事本来就少。自周朝及春秋战国，故事数量开始猛增，显然与《左传春秋》《战国策》《史记》等经典有关。在京剧的剧目中，以三国时期和宋朝的故事为最多，恐怕不是因为三国的征战更激烈或更离奇，应该是因为《三国志》或《三国演义》的故事底本十分精彩，而宋朝故事比较多，也应该与家喻户晓的杨家将传奇、岳飞故事以及《水浒传》有关。

---

[1] 曾白融：《京剧剧目辞典·序》，中国戏剧出版社，1989年版。
[2] 据说秦腔剧目1600个，梆子剧目约1400个，豫剧剧目约878个，桂剧剧目约836个，而以京剧剧目为最多。参见余从、周育德、金水：《中国戏曲史略》，人民音乐出版社，2003年版，第235—237页。

民间文学中的历史故事,部分源于官修史书,部分源于传说和神话,但大多经过民间文人的改编和改写,其中多有夸张铺陈和怪力乱神,甚至无中生有,即使是史实中的一些故事,也会被加以"演义"。隋唐之际系列英雄故事中,就有一些连人带事皆为虚构的部分,例如力大如神的"第一好汉"李元霸实无此人也无其事。杨家将与穆桂英系列本有少数原型,但经过演义的故事就大多查无实据。同样,宋初"名将"郑恩和陶三春的故事在正史中也全无踪迹。即使是真实人物也要被过度神化,比如名不符实的"武圣"关羽,或多智而"近妖"的诸葛亮。

这些虚构或改编似乎暗示,真实历史并不令人满意,人们希望历史是另一种面目。在这里,不是故事去逼近历史,相反,是历史去逼近故事。结果是,除了力求忠于史实的考古学家和历史学家,从农夫工匠、贩夫走卒、商贾衙役到江湖游侠和乡村秀才,所听说的历史故事其实多半是有历史背景的文学作品,来自传说、神话、评书和戏剧之类。因此,人们所共享共情的历史世界中,文学化的历史故事占据了很大部分,至今如此。渔樵大概也不例外。文学化的历史对于史学研究是有害的,但不至于影响渔樵的历史观,因为渔樵的思想问题落实在变迁之道上,并非聚焦于历史情节的真实性。对于渔樵来说,失真的历史与真实的历史展示着类似的变迁之道。

在民间的虚构故事中,可以发现两个特点:一是丑化或贬低帝王。无能的帝王所以也能成功，是因为有众多能臣的支持，加上无法抗拒的天命。这似乎与秦汉取消了上古以来的血统贵族制度有关，所谓"宁有种乎？"。这种平等观在两千年来深入人心。二是塑造了不少集智力、武艺、人品和美貌于一身的完美女性英豪形象。这暗示了，尽管男性拥有法定制度上的更高地位，但在民间社会仍然为女性保留着某种程度的平等位置。这种男女平等观有其形而上的理由，阴阳平衡本就是易经早已确定的基本结构和普遍原则，只是后世儒家从"天尊地卑"演化出"男尊女卑"而贬低了女性地位。但这种演化是非逻辑的，只是一种联想，把阴阳功能分配转换为了价值等级。宋明以来的礼教社会更加强调男性地位，但保有更多自然观念价值的民间史学似乎并不完全相信男尊女卑原则，所以有了许多强于男性的女将想象。

以上两个特点的本质都是平等观，民间史学的第一价值观也正是平等观。渔樵史学与民间史学在平等观上很可能有着相通的精神，只是民间史学强调贬低权贵的补偿平等观，渔樵史学却持有基于历史之道的沧桑平等观，其形而上根据是消解一切的时间，也可说是死亡的平等观，所谓"功，也不久长，名，也不久长"，"赢，都变做了土；输，都变做了土"。

尽管渔樵可能从说书人和戏剧那里听说了许多历史故事，还在平等观上有所同情，但渔樵论古终究有别于以说书人或戏剧作者为代表的民间史学,尤其在史学意图上大相径庭。说书人力图让故事活灵活现,大悲大喜,曲折巧合,神奇古怪,另加因果报应,好人名垂青史,坏人遗臭万年,总之追求的是能够唤起听众感情波动和共鸣的戏剧性。可是渔樵着意的却不是戏剧性,而是关于历史性的问题意识,或者说,能够不断加以反思的历史问题。因此,虽然渔樵所知的历史故事可能不出演义、平话、神话和历史戏曲的范围,但自有选择。渔樵着重言说的总是那些蕴含着哲学问题因而可以不断讨论却永无结论的历史故事,其中包括:古今之变的大事,比如商周之变、周秦之变、宋元之变等等;还有治乱之变的大事,比如春秋战国、五胡乱华、安史之乱等等;也包括兴衰之变的大事,比如楚汉之争、三国之局、六朝之殇等等。这三类大事所以特别重要,是因为它们蕴含着事关历史之道的深层问题,而且永无结论,可以永远争论,其中蕴含着可以永远展开延伸的问题链和意义链,这正是一个精神世界能够继续存在的内生资源。

通过渔樵之口"话不休"的还有另一类故事,即具有论证功能或寓言性的小故事,比如《庄子》《韩非子》《列子》《左传春秋》《战国策》等书中的经典故事和寓言。《左传春秋》和《战国策》的历史可信性相当高,而《庄子》《韩非子》《列子》中的小故事多为寓言,特别是那些贬抑儒家的故事,虽不是信史,但渔樵可能会喜欢。见惯风霜雨雪的渔樵可能会更欢迎不拘一格的文人,比如王维、李白、苏东坡、辛弃疾、陆游等等。寓言小故事的魅力在其概括性或典型性的浓缩意象塑造了情势–问题–道理的一体化经验。这种经验既是具体的，又是普遍的，虽是意象，却具有概念功能，类似于本雅明所谓含有真正教益的"经验"，与渔樵的经验方式也比较接近。包含问题意识的经验才是值得保留的"经验"，否则只是一过性的"经历"。所谓道不离事，就在于有问题意识的经验。渔樵形象正是经验的化身。

渔樵史学以青山为其主体性而观青史，不用"我"的视野，正合庄子"吾丧我"的方式。[1]在这个庄子命题中，"吾"为精神之主格，"我"是精神之宾格。"吾"被定义为精神之本心，是本然而法自然之心，与天地之道相通，也就是未受困于功利计较之心。这个本心既然未进入形而下的计较，其思想对象就只有形而上之道，别无他物；"我"则是形而下的计较之心，其操心对象是事关利益的事务，因此"我"必定受困于私心杂念。"吾丧我"就是超越操心之心，屏蔽掉受困于一己之私的"我"，一旦主格"吾"抛弃了宾格"我"，"吾"就没有负担而一心轻了。纯粹之"吾"以纯粹之道为思想对象，不仅"齐物"，甚至可以"与道齐"了。既然超越了"我"之"吾"观万事之尺度不再是一己之见的"我"，就可以代之以永久青山和无穷流水，于是，"是亦一无

---

[1] 见《庄子·齐物论》。

穷，非亦一无穷"。[1]渔樵既为山水代言，以山水作为纵览历史一切变化的常数尺度，自然就屏蔽了"我"，只剩下"吾"，于是所见近道，也就有资格谈论一切古今之事。

渔樵所见的历史乃是道的无穷展开，"人间正道是沧桑"恰是此意。这种问题意识决定了渔樵对历史事件或人物不给定论，不予盖棺论定。对"古"不予定论，就是为了使"古"不断成为"今"的问题而永远在场，否则，无论古今多少事，都经不起定论。任何事情一经定论，就无可言说，不再成为问题而蜕变为教条，而失去生机不再生长的观念也就很快退出了精神世界，或者成为精神世界的库存。无定论而言不休，正是渔樵史学的标志。事实上，关于俗世之争，无论何种定论，都不可能超越主观性，唯有不予定论，才具有以形而上为度的超越性。

渔樵的在世超越性刚好处于形而上之道与形而下的俗世之间的界线上，因此能够沟通两界，恰到好处地为非超越的历史赋予不息不朽的超越意义。形而上和形而下两界如果不得贯通，就会因为互相隔绝而同时失去意义。俗世之事始终处于流失状态，无所停留也无处停留，因此缺少建构意义所需的定数；可是在另一端，在完美、永恒、超时间的纯粹世界里，一切事情都只有定论，没有问题也没有思想，与俗世有着不可通约的隔阂，因此无处产生意义。在俗世与神界之间，发生着不息不朽的

---

[1] 见《庄子·齐物论》。

历史，兼有现实性和超越性，所以渔樵的思想就建立在现实与超越的边界上，恰好观察万事变化的临界状态。

渔樵所以能够"识太古"，关键就在于知道如何留住不断流失的历史而使之获得无限性。载入史册不等于就留在精神世界中了，只在纸堆里而已。假如没有构成值得不断反思的问题，事迹就只是笔迹。青史变成如青山一样不朽的秘密就在于让事情变成问题，并且让问题永远成为问题，因此才能够以其永远在场的当代性去超越自身难保的现时性，永远作为未决问题而有必要理由永不退场。

渔樵之所以"话不休"，就是拒绝定论。对于任何历史事件，无论多么辉煌的定论都将适得其反地导致意义消散。问题化使过去重新在场，而定论让过去成为往事，问题化是迎接，定论却是告别。无人驻守的时间无意义，因此，历史就是意义的界限。人要守住人的意义，就必须守住历史的意义。渔樵守护历史的方法论在于将有限的历史变成无穷的问题，从而使之潜在地拥有无限时间，但无限的时间不会主动来看护历史，为此，唯有通过无穷的话语不断谈论历史，不断将历史问题化，借助语言的无限能力而让历史永远活在言语中，无穷的话语象征性地跟上了无穷的时间。作为历史的守护人，渔樵必须话不休。

虽然没有比时间更伟大的事情，但纯粹时间本身却无内容，所以时间必须落实为历史才具有意义；但另一方面，有意义的事情必定是有限的，历史的意义在无穷时间中终将消散，试图永远守住一种意义是不可能的。这里存在着一个"意义悖论"：既然一切事情必将消失在时间中，那么任何事情都不可能自证并且自保其意义，只能通过以历史留住时间的方式去建构和保护意义；可是历史所建构的意义最终也必定消失在时间中。简单地说，时间必须化为历史才有意义，可是时间将证明历史无意义。我不能肯定渔樵是否思考过此类形而上悖论，但重要的是，渔樵史学在实际上面对了这个悖论，而且给出了一种实践的出路。

悖论没有理论出路，只有实践出路。对于意义悖论，没有人能够保证一种意义绝对不朽，因为没有一种力量大过时间，因此，唯一的出路不是去证明一种意义不会死，而是去证明一种意义一直活在实践中。由此可以看出渔樵的"话不休"智慧：把高于历史的山水封为不朽而在场的超越存在，使之成为永久性的隐喻，同时借得山水的永久尺度去理解流水般的历史变迁，再以无穷话语去谈论皆为瞬间的无常世事，从而使无法驻守的世事在语言的无穷性中变成没有答案的问题而获得永久意义。只要一个问题永无答案，永无定论，那就是一个不死的问题，就有资格永远讨论下去。如果永远还有话可说，意义就永存，问题无答案，意义就无止境。正是在这个意义上，青史与青山同辉。这虽然不是对意义悖论的理论解决，却是在语言上的实践解决。问题在，意义就在；

一直言说,文明就一直存在。语言能留住的事情就变成了可以不断征引的精神世界,而把事情变成无定论的问题而永远谈论下去,就是渔樵的史学方法论。

永无定论的历史哲学

据以上分析可知,渔樵史学有三个基本性质:(1)反思的对象是历史之道,而不是历史之事;(2)以问题意识为主导的历史分析,不以任何政治、宗教或意识形态为标准;(3)不给定论而始终保持问题化,通过不休的谈论去保证历史问题常新在场。所以说,渔樵史学实质上是历史哲学。

任何一种史学都蕴含某种历史哲学,但古代史学并不经常直接明示其哲学,而是隐含于叙事方式之中,像司马迁那样自觉概括其历史哲学的史学家实为少数。现代以来的史学才经常反思自身的哲学依据。为了更清楚地说明渔樵史学的思维方式,在此可以与相关的史学类型略加比较。总体而言,中国史学的共同基本精神是经史一体,这是数千年的传统,直到受到西方史学的影响才有了经史分离的现代史学类型。

经史一体虽为共同传统,但也有着不同的演化路径。首先是"春秋史学",春秋史学的基本型是《春秋》,最有古风,其初始方法论是史官的编年记事写法,如实直书,不加文学描述,只记载事实本身,相当于数据,这可能是最接近史实的写法。其后，春秋史学的演化类型增加了超出事实本身的内容，主要有两种演化类型：《左传春秋》为事实增加了故事性，即细节描述；《公羊春秋》则为事实开发出观念性，即政治义理的解释。春秋史学的两个分化类型意义重大，奠定了后世史学路径。虽然《左传春秋》的故事化写法并不脱离事实本身，而且《左传春秋》里的故事简练到不能再简练，但已经具备了叙事的要素，因此开启了故事化写法的史学传统，可称为"叙事史学"，它使历史超出了单纯技术性的记事。现代看重材料的史学家也许会看轻故事性，然而，有故事性的历史更有力量去塑造人所共享的精神世界。历史材料只属于专家，有故事的历史才是活在人们心中的历史世界。《公羊春秋》对观念义理的开发和解释则引导出另一个史学传统，或可称之为"正统观史学"，其核心观念为"大一统"、"正统"和"通三统"，又引入了基于五行的五德说，用于解释兴衰的循环更替模式，导致后世在谁为正统的问题上多有争论，有"正史"和"霸史"之分，或有"正、闰统"之别，或有尊王攘夷之论。[1] 这种以义理为重的史学应该属于政治史学，但与通常以政治事件为对象的政治史有所不同，公羊史学的方

---

[1] 关于正统史学问题，饶宗颐所论最详，参见饶宗颐：《中国史学上之正统论》，中华书局，2015年版。关于公羊春秋的研究，以曾亦、郭晓东所论最详，可参见曾亦、郭晓东：《春秋公羊学史》，华东师范大学出版社，2017年版。另有陈壁生关于经学的多种研究，可谓深入。

法论在于政治化一切事情，不仅是政治事件，而且是生活里的所有问题，都能够被理解为政治。

据说春秋史学以微言显大义。可什么是春秋的"大义"却是个问题。有一种伦理解释以为大义是道德。这经不起推敲，因为道德是天经地义，无人反对，应是显义，并非隐义。在道德尚未产生根本分歧的古代社会里（现代社会才有道德分歧），作为共识的道德无须隐，也无可隐。《春秋》的语言褒贬直截了当，没有暗藏机锋，隐语晦义是后人的想象。似乎在佛教进入中原之前，并没有隐晦机锋的语言传统（或有争议，待考）。关于《春秋》的大义，按《公羊春秋》的理解，主要是政治标准。既然历史书写中的道德判断都是显义，那么，如有什么隐义的话，只能是政治观点，但也不是难以分辨的隐藏机锋，只是有政治偏向而比较讲究的用词。《公羊春秋》所理解的大义，比如说"大一统"和"正统"，都是形成长期争论的问题。政治大义也在历史变迁之中，并非常数。唯一能够贯穿整个文明历史的政治大义恐怕只有天下兴亡问题，或者说，文明的生死问题。

对中国史学影响最大者莫过于"太史公史学"，即以司马迁的《史记》为代表的史学传统，其方法论是"网罗天下放失旧闻，考之行事，稽其成败兴坏之理"，基本意图是"究天人之际"和"通古今之变"。[1] 就此宏大意

---

[1] 司马迁：《报任安书》，见班固：《汉书·司马迁传》。

图而言，几乎是在寻求对人类生活的通盘理解，相当于总体的人文知识。在这个意义上，史学包括了人文所有学问，历史也就等于整个精神世界。可以说，太史公史学最为全面地解释了历史作为精神世界的理由。太史公史学具有最为开阔的视野和最大化的容量，蕴含了中国史学的几乎所有路径和线索，每一种史学都能够在太史公史学中找到共鸣之处。

司马迁的两个基本问题几乎涵盖了一种文明于空间和时间之中可能提出的一切人文问题，因此不仅是历史问题，同时也可以理解为哲学问题或社会科学问题。"天人之际"意味着天道与人道、天命与民心、天数与人谋的关系；"古今之变"意味着社会一切变化、革命和立法的秘密。司马迁的方法论意味着在收集尽量多史料的基础上去分析人们的行为模式，进而发现兴衰成败的条件、形势和博弈策略，从而理解贯穿社会变迁的历史之道。即使在今天看来，也仍然是很成熟的方法论。司马迁的史学方法论不仅兼收了史学古法，而且是史学的一次革命，以历史之事去理解历史之道，使历史与哲学无缝合一。历史之道为刚，历史之事为柔，刚柔相济正合易道，其分寸火候至今无人超越。

这里的问题是，在春秋史学和太史公史学的背景下，渔樵史学的意义又在何处？我们已经可以确认，无论渔樵是否识字，渔樵都不是文本作者，因为渔樵史学没有留下任何文本。渔樵只说话，所说的话已经消于无形。

因此，这里关于渔樵史学的所有论断都只是"侦探式"的分析和推想。首先可以说，渔樵史学的贡献绝不在话题上。太史公史学的视野已经几乎覆盖了古代史学所有可能的历史话题，渔樵没有开拓新的历史话题，只是对现成的历史话题无所限制，不挑话题，无论真实的历史事件，还是真假不定的民间传说，或是夸张虚构的故事，都可能入选渔樵的话题。这种不分真假不辨雅俗的选题方式算不上是贡献。

渔樵史学的特殊意义只在言说历史的方法论，不仅为春秋史学所无，也是太史公史学之所无。渔樵的历史哲学属于《周易》的形而上学传统，因此在历史观上与太史公史学略为相近。究其根源，史源于巫，史官原掌占卜之事，后来由总结占卜经验转向总结历史经验，因为历史经验比占卜经验更为灵验，就其精神根源而言，史官必以《易经》为第一经典。《易经》既是解释一切变化的形而上学，也是注解一切变化的占卜原理，据此双重性，可见《易经》正是巫史转换的活遗产。既然太史公史学在根源上与《易经》传统有着最为密切的关系，因此与渔樵史学在历史之道的理解上没有分歧，在思想尺度上也与渔樵史学相类，都以天下为视野，只在史学方法论上各有所取。

但渔樵史学与《公羊春秋》史学就或有些话不投机了。就《春秋》原本的编年史性质而言，只是作为大事账簿的一项技术性工作，要求记事如实准确，以便后人查用，而对历史的义理阐发则超出了早期史官的职责。因此，就《春秋》的基本型而言，虽与渔樵史学有着不同程度的知识要求（渔樵的历史知识很不准确），却没有价值观上的分歧。但《公羊春秋》改变了春秋史学的初始路数，转向阐发政治义理，其中的正统论和华夷论都暗含着政治斗争或政治歧视理论，而且假定了承载礼乐的文人集团是道德精英。也许礼乐至善至美，但作为劳动者的渔樵恐怕不会同情《公羊春秋》的阶级情感，所谓"兴，百姓苦；亡，百姓苦"（张养浩《山坡羊·潼关怀古》）。渔樵之心或比较接近《诗经》，以情理为准，却未必认同义理，除非义理正好符合情理。情理属于人同此心的自然秩序，义理属于特定政治制度的人定秩序，渔樵必定顺自然。不过，渔樵未必反对包括正统观、华夷观或通三统论在内的政治义理，只是此类意识形态观念在尺度上小于渔樵以天下为尺度的空间感，也小于渔樵以山水为尺度的时间感，因此渔樵不以为重。

尽管渔樵未必研究过《易经》，但就其精神性而言，渔樵的时间观和历史观很接近《易经》，倾向于以形而上之道去理解形而下的历史变迁，以阴阳、变化、变通、动静、刚柔、吉凶、伸屈、时机、时运、形势、功利、和谐、顺逆为思想形式去分析历史演化，视沧桑变化为一治一乱的循环结构，展开则为生生不息的无穷性。以形而上之道去理解形而下的历史意味着一种解密，但这种解密却没有最后答案，也不求最后答案，只有永远的解密过程。历史之道不是道德伦理，也不是政治信念，而是存在如何在变在中永在的理由。如果说，道德和政治解释的是善恶问题，那么，历史解释的是生死问题。因此，历史之道在于显示文明生死存亡、兴衰成败的秘密，也就不可能收敛于某种政治或伦理的价值观，而是展开为生生不息的无穷过程。"易道史观"试图破解的秘密就是，历史没有通向终结的最后目的，只有永远的未来性，除非文明死亡。因此，历史永远有当事人看不破的"天机"，也就是旁观者渔樵能够看破却不说破的历史秘密。渔樵并非故弄玄虚不予说破，而是说破了也没有定论或答案。对于有着无限性的未来，人不可能有答案。

渔樵不是理论家，那么，渔樵会以何种历史分析模型去解释得失成败兴衰荣辱的条件和形势？渔樵恐怕不太可能独创一种历史分析模型，应该是常用分析模型的使用者。由此估计，渔樵通常使用的也是传统史学里普遍使用的"天时、地利、人和"的分析模型。那么，天时、地利、人和的分析模型是否具有普遍有效的解释力？

天时、地利、人和三维度可以还原为六因素，即"天、地、人"和"时、利、和"。天、地、人是三种给定条件，是一切博弈的前提条件，相当于解题的已知条件。人在博弈中能够发挥主动性的事情在于时、利、和。这三个因素属于可能性，事非必然，就有主动作为的余地。"天时"就是时机，即能够做成某事的正确时间。如果做某事正当其时，成功概率就比较大，但"天时"只是成事的一个必要条件，不是充分条件；"地利"即地理资源条件，是做某事的正确空间，不仅包括地理环境的优势，也包括地理资源的优势，总之是有助于做成某种事情的物质资源。同样，"地利"也只是成事的一个必要条件，并非充分条件；"人和"即人力资源，主要包括两个方面：拥有优秀人才；所做之事与民心所向一致。"人和"的最优状态就是达到孔子所说的"近者悦，远者来"（《论语·子路》）。"人和"通常被认为在三者中最为重要，但也仍然只是成事的必要条件而非充分条件。古人经常以为，"人和"来自君主具有仁德之类的高尚品质，其实这只是次要因素，真正形成"人和"的是另外两种决定性的因素：其一是，人人能够获利的制度；其二是，人人能够共享的精神，两种缺一不可。现代流行的制度决定论也是一种偏见。如果不能创造一个历久常新而取用不竭的共享精神世界，好制度也不足以成就大业。

天时可待，地利可用，人和可致，却无一事易得。天时、地利、人和三者的组合形成了不确定的博弈形势，天时十分难测，地利十分难得，人和十分难成。古人在解释王霸大业时往往认为，如果幸而兼有天时地利人和，大业就指日可待，但习惯于莫测风云雨雪的渔樵却未必这样想。只要是人与人的博弈，结果就永如风云雨雪一样难测。比如说，假定博弈双方都兼有三者的优势，或各方各有不可比的优势，就会形成博弈僵局，例如历史上的三国、南北朝、宋辽对峙等等，于是就需要设计出在特定情景里的博弈优势策略。成功的诡计无非是利用动态变化，在特定情景中去破坏"共同知识"（common knowledge）而取得局部的信息不对称优势或局部实力的不对称优势。动态千变万化，因此不存在普遍有效的诡计，没有一个诡计能够超越此一时彼一时的局限性。总之，不存在普遍必然的成功之道，所以未来永不可测，历史永不重复。

渔樵可能听说过的博弈策略应该不出流传的诸种兵法，无非是知己知彼、以柔克刚以及相当于三十六计的诸般诡计（三十六计是很晚近才总结的，似乎晚至清朝）。但博弈策略只是谈资，渔樵不会多加用心，因为心思在道不在计。其实，那些传说的诡计多半并没有那么高明，只是偶然得逞而成为范例的阴谋。严格说来，只有少数的兵法策略称得上是普遍定理，例如"知己知彼"，这是历史上最早的博弈论定理，相当于现代博弈论关于"共同知识"问题的最早研究。其他许多兵法策略并不具有普遍性或必然性，其成功率完全取决于灵活妙用，所以历史总有种种功败垂成的悲壮故事，乌江项羽，祁山孔明，人们百说不厌。可以说，博弈策略只能决定一时成败，却与历史演化的大势无关，历史大势还是取决于天时地利人和这些结构性的条件。

如果通过天时地利人和的分析，再加上博弈策略分析，还是难以理解历史之无常，渔樵会乐意托付给人谋不及天算的天命解释，但渔樵史学不是野史，虽没有拒绝怪力乱神的故事性，却对此类说法不会当真。渔樵眼中的天机属于人力不及的历史之道。所谓天机不可测，并非托词。天数之说，相当于现代科学所遇到的无法预测的"复杂性"问题，这是一个众多学科的共同问题。从宇宙天体运行、气候变化、地震发生到经济市场、股市变化、金融博弈、政治变局，都属于无法预测的天数。所有无法预料的复杂问题的实质在于，一切存在都具有由不确定的可能性所构成的未来性。假定渔樵能够看破历史之道，就像我们知道无理数是无穷展开的，渔樵也仍然难以看破历史的下一步，正如我们无法肯定无理数的下一位数。只要人有难测的自由意志、创造性和偶然运气，历史就不可能有规律。历史有道而无理，恰似无理数有道而无理。

于是就有个严重问题：既然历史之道寓于无穷流变之中，人又不可能总结无穷性，历史之道也就不可能化归为历史规律，可是，如果没有规律可言，又何以讨论历史之道？渔樵史学的方法论在这里就显示出重要性：渔樵言说历史说个不休，以话语的无穷性去映射历史的无穷性。话不休地谈论历史并不是为了完全理解历史，而是为了使历史成为一个永在的精神世界。难道人们真正需要的不正是一个无穷的精神世界吗？假如真的完全知道了过去和未来，就再也无话可说，一旦无话可说，思想就死了，或者说，假如完全知道过去，我们将失去神话和文学；假如完全知道了未来，我们将失去生活的意义。

话不休正是渔樵史学的精要所在，这不是一种理论，而是一种实践。对于以历史为本的精神世界，让历史活在无穷言说中，就是保持历史永远存在的方法论。只有当一种历史能够话不休，才能够建立起无穷的意义链和问题链，历史的精神世界才得以生生不息。任何一种精神要想存在下去，就不可能活在纪念碑上，而必须活在语言中。话不休的前提，就是能够让历史可以问题化，在问题化中使熟知的历史故事再次成为陌生而有待重新言说的对象。因此可以说，所谓问题化，就是使一个历史事件成为一个向多种解释敞开的反思对象。如果不能问题化，谈论历史就类似于讲故事，故事总有讲完的一天，或者讲到无聊的一天。把一切历史判断问题化正是渔樵历史方法论的意义所在。以问题化带动话不休，于是历史得以超越"循环故事"模式对历史意义的消解。

循环故事有两种常见模式：一种是内容自相关，典型版本是"山中老和尚讲故事"[1]；另一种是无休止重复，典型版本是"西西弗斯"[2]。这两个故事共享一个隐喻：循

---

[1] 民谣：从前有座山，山里有座庙，庙里有个老和尚讲故事，讲的是从前有座山，山里有座庙，庙里有个老和尚讲故事……
[2] 希腊神话：西西弗斯有诡计，扣押了死神，于是人间再无死亡。众神怒而罚西西弗斯往山上推巨石，推到山顶就又滚下来，于是西西弗斯永远重复这项毫无结果的工作。

环重复的故事也可以话不休,却不能增加任何新意义,甚至无法解释自身的意义何在。与此不同,问题化不是重复问题,而是在历史事件之间发现重新建立新关联的契机,从而触发历史的重新问题化。假设任何时间点上的一个事件都可以理解为一个问题,以这个时间点作为出发点,向前或向后去建立新的链接,因此形成重新提问、重新应答又重新提问的连锁关系,交替地建立不断延伸的问题链和意义链,从而使历史像不断生长的树一样生机勃勃。

把历史问题化却不等于为历史翻案,只是承认历史有多种理由和解释,进而使历史问题具有无穷的能量和开放的延伸性。从天道的角度去观察命运和沧桑,就已经注定了与道德审判或盖棺论定拉开了距离。尽管渔樵对英雄悲剧也一样有泪如倾,但仍然拒绝最终答案,实际上就是拒绝历史的定论或历史的终结。为历史预定任何一种终结性的目的,等于否定了历史中每一件事情的意义,所以,历史终结论是一种反历史的历史理论,要捍卫历史就必须拒绝历史定论。

命运不仅是一个说不完的话题,也是人们想知道又不可能知道的秘密。历史意义链和问题链的延续就是历史的命运。往事虽然消失在时间中,但历史永无闭幕之时。时间流不尽,渔樵话不休。